Inhaltsverzeichnis

Erforderliche Werkzeuge für die Schinken-Herstellung

-**Ein möglichst großes Schneidebrett**, je größer, desto besser kann damit gearbeitet werden. Verleimte Bretter sind ideal.

-**Ein Messer mit breiter Klinge** für den groben Fleischzuschnitt.

-**Ein Messer mit schmaler Klinge** um das Fleisch von Silberhäuten, Sehnen, Fasern etc. zu befreien und sauber zuschneiden zu können (parieren).

-**Einen Wetzstahl** zum schnellen Schärfen der Messer während des Fleischzuschnittes.

-Eine möglichst genaue Küchenwaage und eine Gewürzwaage, am besten digital, die im Idealfall auf 0,01 Gramm genau wiegen kann, um die Gewürze und das Salz abzuwiegen.

-Eine Gewürzmühle mit Flügelrad, um die Gewürze frisch zu mahlen. Der Geschmack wir dadurch intensiver und besser. Damit lassen sich alle Gewürze sehr gut zerkleinern.

-Einen Lakemesser braucht man nur dann, wenn man Nasspökeln will. Und auch dann sollte man ihn eher nur zur Kontrolle der Lakestärke verwenden. Die Herstellung einer Lake ist mit einer Waage sehr viel genauer und einfacher. Wenn man kleinere Mengen Lake mit dem Lakemesser nachmessen oder kontrollieren will, braucht man dafür ein hohes und möglichst schlankes Gefäß. Denn der Lakemesser muss frei schwimmen können und darf nicht am Boden aufstehen. Dafür eignet sich sehr gut ein Messzylinder aus Glas.

-Einen möglichst genauen Messbecher.

Eine gute Alternative sind Messzylinder. Sie sind sehr genau und sind ideal zum Messen der Lakestärke. Wenn Sie sich einen Lakemesser anschaffen wollen, empfiehlt es sich, auch einen hohen Messzylinder anzuschaffen.

-Große Schüsseln aus Kunststoff oder Edelstahl sie sind einfach zu reinigen und sind salzbeständig, worauf man beim Einsalzen achten muss.

-Fleischhaken um die Schinken aufzuhängen.

-Schnur als Alternative zum Aufhängen.

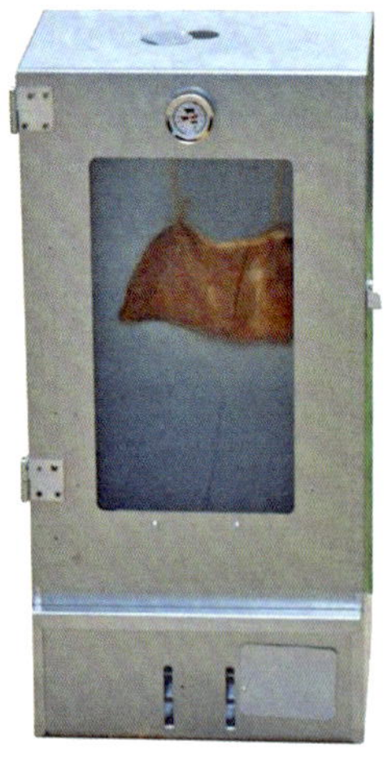

-Einen Räucherschrank oder eine Räucherkammer wenn der Schinken geräuchert werden soll. Man kann selbst mit preiswerten Ausführungen perfekte Resultate erzielen. Einwandige Räucherschränke sind zum Kalträuchern idealer als Isolierte, da sie die Wärme besser an die Umgebung abgeben. Denken Sie auch daran, immer ausreichend Räucherspäne auf Vorrat zu haben.

Wenn man auch Kochschinken machen will, braucht man zusätzlich noch Folgendes:

-Ein Fleischthermometer zur Messung der Kerntemperatur und ein Thermometer zur Kontrolle der Wassertemperatur.

-Eine Lakespritze oder eine Marinadespritze, wenn man das Spritzpökelverfahren einsetzen will. Alternativ kann man den Schinken aber auch Nasspökeln.

-Eine Kochschinkenform,
sie sind meist aus Aluguss und kosten neu recht viel Geld, mögliche Alternativen siehe: „Anleitung Kochschinken".

Prüfung der Messgeräte

Bei der Herstellung von Schinken kommen die meisten Fehler daher, weil beim Abmessen oder Wiegen Ungenauigkeiten vorkommen. Der Grund dafür liegt meist an ungenauen Gerätschaften. Deshalb sollten die zur Herstellung von Schinken verwendeten Gerätschaften, wie Messbecher und Waagen, immer kontrolliert werden. Dies ist ganz einfach und mit wenig Aufwand verbunden.

Überprüfung einer Waage

Waagen haben teilweise große Toleranzen und arbeiten ungenau. Deshalb müssen diese unbedingt geprüft werden. Eine Waage zu prüfen ist sehr einfach.
Bei hochwertigen Gewürzwaagen, die auf 0,01 Gramm genau messen, ist im Lieferumfang meist ein Gewicht zur Überprüfung der Genauigkeit mit dabei. So können sie immer wieder kontrolliert werden. Falls dies nicht der Fall ist, können solche Prüfgewichte separat gekauft werden.

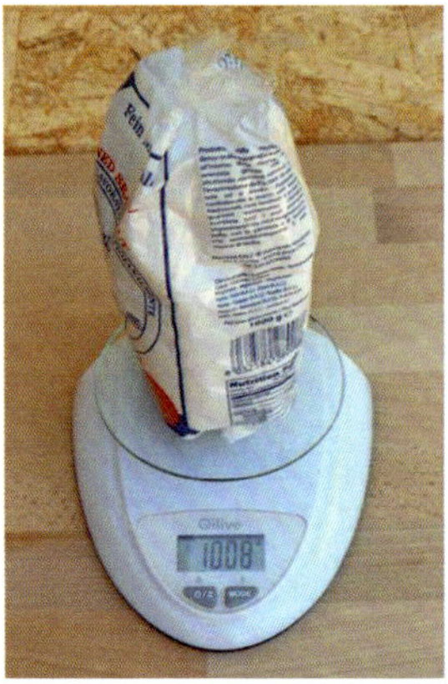

Für die Überprüfung einer Küchenwaage gehen Sie folgendermaßen vor:

Stellen Sie einen großen Messbecher auf die Waage und stellen Sie die Gewichtsanzeige anschließend auf Null. Schütten Sie nun den kompletten Inhalt einer ungeöffneten Packung Salz oder Zucker in den Messbecher.

Weil die Waagen von Lebensmittelherstellern immer geeicht sind, können Sie davon ausgehen, dass der Inhalt genau so viel wiegt, wie auf der Packung angegeben ist. Die Waage sollte nun im Idealfall diesen Wert anzeigen.
Abweichungen im Bereich von 4-5% (bei 1 kg entspricht dies 40-50 Gramm) sind normal und vertretbar. Sind sie größer, sollte die Waage durch eine Genauere ersetzt werden.

Überprüfung von Messbechern

Überprüfen Sie den Messbecher, der zum Abmessen der Lake verwendet wird, unbedingt auf seine Genauigkeit. Aus meiner Erfahrung heraus kann ich sagen, dass Abweichungen von 10 % oder mehr bei Messbechern leider keine Seltenheit sind!

Einen Messbecher kann man folgendermaßen prüfen:

Stellen Sie den Messbecher auf eine Waage (welche Sie zuvor überprüft haben) und stellen Sie die Gewichtsanzeige auf Null. Nun gießen Sie 1/2 Liter Wasser in den Messbecher. Die Waage sollte nun 500 Gramm anzeigen.
Füllen Sie den Becher auf 1 Liter auf, jetzt sollte die Waage 1000 Gramm anzeigen. Wenn Sie wissen, dass die Waage stimmt und diese Werte angezeigt werden, dann können Sie davon ausgehen, dass der Messbecher die richtige Menge zeigt und genau misst.

Warum scharfe Messer bei der Herstellung von Schinken so wichtig sind

Ein ordentlicher und sauberer Fleischzuschnitt kann nur mit sehr scharfen Messern gemacht werden. Alles andere ist nicht nur sehr mühsam, sondern kann auch den Verderb vom Fleisch zumindest begünstigen. Von stumpfen Messern werden die Fasern eher zerrupft, als sauber und glatt abgeschnitten. Dadurch wird die Oberfläche vom Fleisch vergrößert und bietet unerwünschten Bakterien und Mikroorganismen eine viel größere Angriffsfläche.
Ein weiterer wichtiger Punkt ist, dass man mit scharfen Messern die Schinken einfacher und sparsamer von Silberhaut, Sehnen und unerwünschtem Fett befreien kann. So hat man deutlich weniger Verschnitt. Außerdem geht die Arbeit auch viel schneller voran.
Zudem sind stumpfe Messer gefährlicher als scharfe Messer, weil man damit viel stärker hebeln, ziehen oder reißen muss. Wenn man dann abrutscht, sind die Verletzungen oft groß. Es hat sich deshalb bewährt, wenn man am Schinken machen ist, immer wieder kurz zum Wetzstahl zu greifen und die Messer zwischendurch zu schärfen.

Allerdings sollte man mit einem Wetzstahl nur Messer aus einfachem Stahl schärfen. Messer aus besonders hochwertigem oder gefaltetem Stahl, wie zum Beispiel die japanischen Messer, sollte man nur mit einem Öl- oder Wasserstein schärfen!

Messer schärfen mit dem Wetzstahl

Ein Messer mit dem Wetzstahl zu schärfen ist eine sehr einfache Sache. Man bekommt die Messer damit mühelos und schnell sehr scharf. Allerdings nur dann, wenn man es richtig macht. Die besten Ergebnisse bekommt man dann, wenn man die Messer mit der Schneide voraus über den Stahl schiebt. Die weit verbreitete Praxis, den Stahl vom Messerrücken Richtung Schneide über das Messer zu ziehen, ist weniger empfehlenswert.

- Halten Sie die Klinge in einem flachen Winkel zum Stahl.

- Das Messer, so wie in den Bildern zu sehen, mit der Schneide voraus, etwa in diesem Winkel am Wetzstahl entlang führen.
- Mit der Schneide voraus und mäßigem Druck, schieben Sie das Messer bogenförmig, in einer gleichmäßigen Bewegung über den Stahl. So als ob Sie damit den Stahl abschaben wollten.
- Wechseln Sie nach jeder Bewegung auf die andere Seite vom Messer. Vermeiden Sie es, die Schneide bei dem Seitenwechsel stark gegen den Stahl zu schlagen und machen Sie den Seitenwechsel sanft. Das Ganze brauchen Sie lediglich zwei bis dreimal pro Seite zu machen und das Messer ist dann wieder sehr scharf.

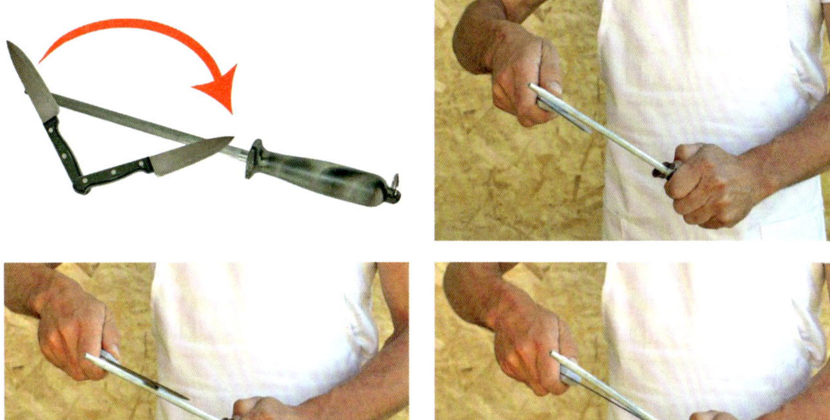

Es gibt zwei unterschiedliche Bewegungsabläufe zum Schärfen mit dem Wetzstahl. Früher wurde gelehrt, das Messer mit der Schneide voraus von oben nach unten Richtung Griff und Hand zu bewegen. Bei diesem Bewegungsablauf fällt es den Meisten am einfachsten, die Klinge im richtigen Winkel zu führen. Man bekommt das Messer so leichter und schneller scharf.

Allerdings besteht dabei auch, wenn man nicht aufpasst, ein gewisses Verletzungsrisiko. Inzwischen wird im Fleischergewerbe gelehrt, die Schneide vom Griff und von der Hand weg, nach vorne über den Wetzstahl zu schieben.

Diese Variante ist viel sicherer. Allerdings fällt es bei dieser Variante, wie bereits erwähnt, vielen schwerer, die Schneide im richtigen Winkel zu halten und das Messer scharf zu bekommen.

Messer schärfen mit dem Schleifstein

Zunächst einmal etwas über die unterschiedlichen Schleifsteine.

Es gibt künstliche und natürliche Schleifsteine, wie zum Beispiel den belgischen Brocken. Schleifsteine werden in Öl- oder Wassersteine unterteilt. Sie können mit beiden Sorten gute Ergebnisse erreichen und sie stehen einander im Prinzip in nichts nach. Bei den künstlichen Schleifsteinen gibt es allerdings mehr unterschiedliche Körnungen.
In der Regel genügt ein mittelfeiner Schleifstein mit der Körnung 3000 vollkommen. Es sei denn, Sie wollen die perfekte Schärfe oder haben Messer, die absolut stumpf sind. Dann sollten Sie sich zusätzlich einen Stein mit der Körnung 1000-1500 für den Grobschliff und einen superfeinen Stein mit der Körnung 6000-12000 zulegen.
Mit dem Groben können total stumpfe Messer wieder zu „neuem Leben erweckt“ werden. Der Superfeine bringt die Schneide Richtung Rasiermesser-Schärfe.

Gehen Sie zum Schärfen der Messer mit einem Schleifstein folgendermaßen vor:

Wenn Sie mit mehreren Steinen arbeiten, beginnen Sie mit der groben Körnung (kleine Zahl) und arbeiten Sie sich dann bis zur feinen Körnung vor (große Zahl).
Zunächst den Stein befeuchten. Wassersteine einfach für 10-15 Minuten in Wasser legen. Bei Ölsteinen eine dünne Schicht vom passenden Öl auf den Stein aufbringen. Es gibt unterschiedliche Öle, je nachdem, ob Sie einen Naturstein oder einen künstlichen Stein verwenden. Befolgen Sie die Empfehlungen des Herstellers.
Nehmen Sie den Stein aus dem Wasser und lassen Sie ihn so nass, wie er ist. Keinesfalls dürfen Sie ihn abtrocknen! Mit dem Wasser oder Öl ergibt sich während dem Schleifvorgang, zusammen mit dem feinen Stein- und Metallabrieb, sogenannter Schleifschlamm. Dieser ist dafür verantwortlich, dass der Stein "zieht" und das Messer schön scharf wird.

- Legen Sie das Messer im 90°-Winkel auf den Stein.
- Die Schneide soll dabei Ihnen zugewandt sein.

- Stellen Sie die Klinge nun etwas auf, so dass nur die Schneide auf dem Stein aufliegt (siehe Bild). Wenn man die Klinge hoch und nieder kippt, fühlt man, wenn die Schneide satt aufliegt.

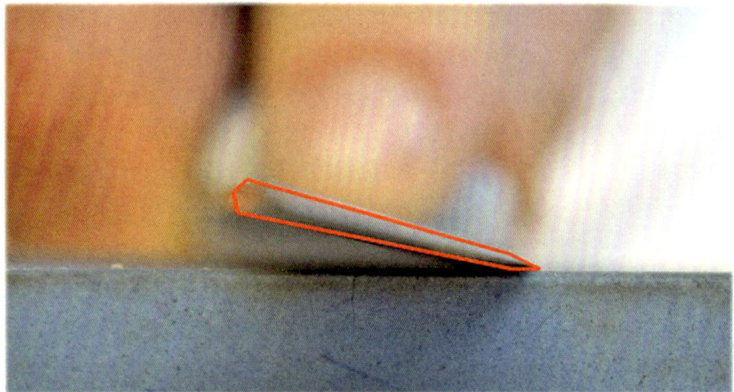

- Diesen Winkel müssen Sie nun während des gesamten Schleifvorganges einhalten. Je genauer Sie die Schräge halten, desto schärfer wird das Messer.
- Schieben Sie das Messer nun nach vorne und üben Sie dabei einen mäßigen Druck auf die Schneide aus, dann ziehen Sie es ohne Druck zu sich zurück.
- Schieben Sie das Messer, während Sie nach vorne schieben, seitlich hin und her, damit die komplette Schneide geschärft wird.

- Wiederholen Sie diesen Vorgang einige Male. Je stumpfer das Messer ist, desto öfter. Wenn die erste Seite fertig geschliffen ist, drehen Sie das Messer um und machen Sie mit der anderen Seite der Schneide das Gleiche.

Beim Messer schärfen ist es wie bei allem: Übung macht den Meister. Zu Beginn kann es noch schwerfallen, den richtigen Winkel während des Schleifvorganges einzuhalten. Um sich am Anfang das Leben einfacher zu machen, kann man auf eine „Schleifhilfe" zurückgreifen. Man bekommt sie bereits für wenige Euros. Diese werden einfach auf den Messerrücken gesteckt und dann mitsamt dem Messer über den Stein geschoben.
Geben Sie bei der Suchmaschine einfach „Schleifhilfe" ein, dann werden Sie schnell fündig.

Grundsätzliches zum Fleisch

Fleisch von unterschiedlichen Tierarten
Im Regelfall wird im deutschsprachigen Raum hauptsächlich das Fleisch von Schweinen verwendet. In einzelnen Rezepten ist noch Rindfleisch oder Wildfleisch enthalten. Alle Rezepte können natürlich auch mit dem Fleisch von anderen Tieren umgesetzt werden. Dadurch verändern sich der Geschmack und auch die Konsistenz teilweise merklich. Falls Ihnen, vor allem der Geschmack des Fettes anderer Tiere nicht zusagt, können Sie es einfach wegschneiden. Das ist das Tolle am Selbermachen, man hat alles selbst in der Hand und kann absolut alles auf seinen persönlichen Geschmack abstimmen.

Die Qualität des Fleisches
Die Qualität des Fleisches ist das A und O für guten Schinken. Es gibt beim Fleisch große Qualitätsunterschiede. Diese resultieren unter anderem daraus, wie das Tier gehalten wurde, was es zu fressen bekommen hat und wie alt es war, als es geschlachtet wurde.

Die erste Frage, die sich einem stellt: BIO oder konventionelles Fleisch?

Es macht einen großen Unterschied, ob Sie konventionelles oder BIO-Fleisch verarbeiten. Es spricht vieles dafür, dass Sie vorzugsweise BIO-Fleisch verarbeiten sollten. Zum einen, weil es dem Tier zu Lebzeiten in der Regel viel besser geht, als seinen Artgenossen aus der Massentierhaltung. Aber BIO-Fleisch kommt auch Ihnen selbst zu Gute.

In der konventionellen Massentierhaltung ist alles auf möglichst schnelles Wachstum und geringe Kosten ausgerichtet. Die Tiere haben viel weniger Platz und Bewegungsfreiheit. Wegen den beengten Verhältnissen und der Tatsache, das diese Lebensbedingungen nicht einer artgerechten Umgebung entsprechen, werden die Tiere anfälliger. Krankheiten und Seuchen können sich leichter ausbreiten. Aus diesem Grund kommen häufiger Medikamente und Zusatzstoffe zum Einsatz.
Oft wissen die Tierzüchter selber nicht einmal, was alles im Futter enthalten ist, da vieles nicht deklariert werden muss.
Von vielen Medikamenten und Zusatzstoffen, können im Fleisch Rückstände vorhanden sein, die Sie dann selber zu sich nehmen. Wollen Sie das wirklich? Sicher, es gibt für alles Grenzwerte.
Aber wie oft ist es schon vorgekommen, dass Grenzwerte gesenkt werden mussten, da die Wissenschaft später entdeckt hat, dass die Menge doch nicht, wie ursprünglich angenommen, unbedenklich war?

Für ein konventionelles Fleisch spricht lediglich der niedrigere Preis. Ich kann Ihnen versichern, man schmeckt den Unterschied. Wenn man einmal ein ordentliches BIO-Fleisch hatte, möchte man gar nichts anderes mehr.
Bioschweine haben mehr Bewegungsfreiheit, was das Fleisch "dichter" und weniger wässrig macht. Die Schinken werden deshalb viel aromatischer. Außerdem bekommen Bioschweine öfters auch Heu oder frisches Gemüse zu fressen. Dies macht sich später durch einen besseren Fleischgeschmack bemerkbar.

In der Massentierhaltung bekommen sie überwiegend nur Spezialfutter, das auf schnelles Wachstum und Masseaufbau ausgerichtet ist. Fleisch aus der Massentierhaltung ist im Vergleich zu Biofleisch eher blass, wässrig und weniger geschmacksintensiv.

Wenn Sie es ganz besonders "gut" machen wollen und nur ein glückliches und ordentlich gehaltenes Tier verarbeiten wollen, besuchen Sie den Landwirt, der das Tier aufzieht. Schauen Sie, wie er die Tiere hält und aufzieht. Stinkt es im Stall nach Ammoniak und Gülle, so dass es einem die Kehle zuschnürt, oder ist im Stall frische Luft? Können sich die Tiere ausreichend bewegen, oder sind sie eingeengt?
Und zu guter Letzt, wie reagieren sie auf den Landwirt, wenn Sie ihn sehen? Werden Sie unruhig, was ein Anzeichen für einen schlechten Umgang mit den Tieren wäre, oder sind sie erfreut ihn zu sehen?
Ein sehr gutes Beispiel dafür, welchen Einfluss die Bewegung und das Futter auf den Geschmack und das Schnittbild des Schinkens haben, ist der berühmte „Jamon Iberico“. Die Schweine bewegen sich den ganzen Tag frei und bekommen frisches Gras, Kräuter und vor allem Eicheln zu fressen. Das Fleisch erhält dadurch einen einzigartigen und von Kennern auf der ganzen Welt geschätzten Geschmack.

Fazit:

Es lohnt sich nicht, wenn man bei der Herstellung von Schinken beim Fleischeinkauf spart.

Wild, Ziege und Schaf

Das Fleisch dieser Tiere eignet sich hervorragend zur Herstellung von Schinken. Besonders das Fleisch von Wild zeichnet sich durch einen exzellenten Geschmack aus, weil die Tiere nicht in engen Ställen gelebt haben, sondern sich in der frischen Luft ausreichend bewegen und artgerecht ernähren konnten. Man kann Wildschinken, je nach Belieben mit der Nass-, als auch mit der Trockenpökel-Methode herstellen. Allerdings trocknet das Fleisch beim Trockenpökeln stärker aus, als beim Nasspökeln. Was aber wiederum als positiven Effekt eine „Verdichtung“ des Wildaromas zur Folge hat.
Die Verarbeitungsweise von Wild, Schaf und Ziege gleicht der von normalem Schweine- oder Rindfleisch. Es gibt keine weiteren Besonderheiten zu beachten.

Pluspunkte für Wildfleisch sind:

- Wildfleisch (aus dem Wald und nicht aus Gatterhaltung) ist definitiv unbehandelt und ein reines Naturprodukt.
- Ist Fett- und Cholesterinarm.
- Enthält mehr Proteine als normales Schweinefleisch.
- Ist leichter verdaulich und bekömmlicher.

Beim Wild gibt es allerdings auch Einschränkungen, was die Eignung zur Herstellung von Schinken betrifft. Folgende Fleischteile sind zur Schinkenherstellung nicht geeignet:

- Fleisch von brunftigen Tieren.
- Fleisch mit Blutergüssen oder zerschossenes Fleisch.
- Fleisch, das mit Galle, Urin oder Darminhalt in Kontakt kam.
- Fleisch von Tieren, die bei einem Unfall ums Leben gekommen sind. Denn durch den erhöhten Stress und den dadurch resultierenden Adrenalingehalt im Blut, verändert sich der pH-Wert des Fleisches ungünstig.

Das Fett

Nicht jedermann mag den Geschmack von Wild, Schaf oder ganz besonders Ziegen. Wenn der typische Geschmack deshalb etwas gemildert werden soll, kann man dies erreichen, indem man das Fett komplett entfernt. Denn darin ist der Geschmack besonders intensiv.
Während man beim Wildschwein das Fett auch problemlos am Fleisch belassen kann, so sollte man beim Schafsfett und ganz besonders beim Fett von Ziegen lieber drauf verzichten (es sei denn, man mag diesen besonderen Geruch/Geschmack).

Der pH-Wert des Fleisches

Bei der Herstellung von Schinken spielt der pH-Wert des Fleisches eine wichtige Rolle. Er sollte, um Fehler zu vermeiden, bei der Verarbeitung des Fleisches im richtigen Bereich liegen.
Eine Messung ist, wenn man das Fleisch bei einem guten Metzger kauft und erwähnt, dass es zur Herstellung von Schinken gedacht ist nicht zwingend erforderlich. Dennoch möchte ich die Vorgehensweise und die empfohlenen Richtwerte, der Vollständigkeit halber aufführen.

In Fleischereien kommt zur Messung des pH-Wertes ein elektronisches Messgerät zum Einsatz. Da diese teuer sind, lohnt sich die Anschaffung für einen Hobby-Schinkenmacher nicht.

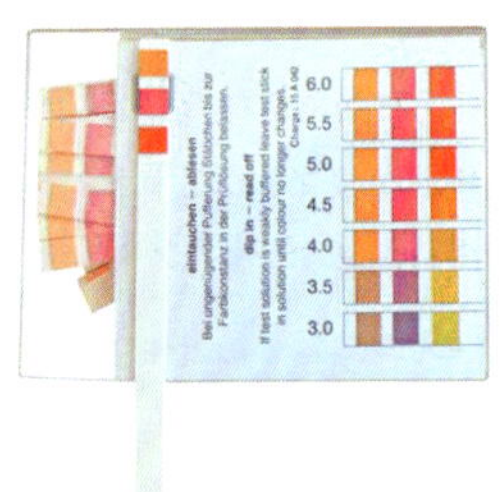

Man kann den pH-Wert des Fleisches auch bequem und kostengünstig mit Messstreifen ermitteln. Diese verfärben sich, je nach Säuregrad unterschiedlich und der Wert kann anhand einer Farbtabelle abgelesen werden.
Man legt den Messstreifen einfach für ein paar Minuten unter das Fleisch und kann so den pH-Wert an der Oberfläche ermitteln. Alternativ kann man auch einen Abschnitt nehmen, diesen einfach aufschneiden und dann den Messstreifen ins Fleischinnere legen.

Wenn man den pH-Wert nicht messen kann, oder will, sollte man sich an die Faustregel halten, dass das Fleisch, das zur Herstellung von Schinken verwendet wird, zwischen 1 bis maximal 3 Tage alt ist. Der pH-Wert ist dann in der Regel optimal.
Der pH-Wert von Fleisch bewegt sich in der Regel in einem Bereich von 7-5. Ein pH-Wert von 7 ist neutral und ein Wert niedriger als 7 bedeutet, dass der Säuregehalt zunimmt.

Direkt nach der Schlachtung liegt der pH-Wert bei ca. 7 und sinkt danach rapide auf 6 ab und hat dann innerhalb von ca. 3 Tagen einen Wert im Bereich von ca. 5-6 erreicht.
Die Werte können variieren, denn es gibt viele Faktoren, die einen Einfluss darauf haben. Beispielsweise die Art der Mast, Stress bei der Schlachtung, die Tierrasse, etc.
Der pH-Wert gibt auch Auskunft darüber, wie frisch das Fleisch ist, denn er sinkt nach der Schlachtung stetig. Der Wert sollte für die Herstellung von Koch-Schinken im Bereich von 5,8-6,3 liegen. Für die Herstellung von Roh-Schinken liegt der optimale pH-Wert im Bereich von unter 5,9.

Das Wichtigste in Kürze:

- Zur Herstellung von Schinken nur Fleisch verwenden, das 1 bis maximal 3 Tage alt ist.
- Für Kochschinken ist der ideale pH-Wert 5,8 – 6,3.
- Für Rohschinken sollte der pH-Wert unter 5,9 liegen.

PSE und DFD Fleisch

Beim Fleisch gibt es Qualitätsmängel, welche entweder mit PSE oder DFD abgekürzt werden. Fleisch mit einem solchen Mangel ist für die Herstellung von Schinken nicht geeignet und sollte deshalb nicht verwendet werden. Der Hobby-Schinkenmacher muss nicht im Detail wissen, woher diese Fehler kommen und wie man sie exakt erkennt. Denn ein guter Metzger wird einem solches Fleisch nicht verkaufen, wenn man erwähnt, dass daraus Schinken gemacht werden sollen.
Beide Fleischfehler stellen zwar einen Qualitätsmangel dar und sind zur Herstellung von Schinken deshalb nicht geeignet, aber eine gesundheitliche Gefährdung geht von beiden nicht aus und sie können unbedenklich verzehrt werden.

(Pale), weich (Soft) und wässrig (Exudative)

PSE-Fleisch kommt hauptsächlich bei Schweinen und nur selten bei Rindern vor. PSE-Fleisch kommt überwiegend bei Kreuzungen vor, die in der Absicht gezüchtet wurden, möglichst viel Muskelmasse und wenig Fett anzusetzen. Stress vor der Schlachtung führt dazu, dass das Tier regelrecht „überhitzt".
Dadurch kommt es zu einer Denaturierung des Gewebes bereits vor dem Tod. Durch die vermehrte Bildung von Milchsäure in den letzten Stunden vor der Schlachtung oder während der Schlachtung, übersäuert das Fleisch. Bemerkbar wird dieser Fleischfehler unter anderem dadurch, dass der pH-Wert nach der Schlachtung rapide auf Werte von unter 6 abfällt.

PSE-Fleisch hat eine verminderte Wasserbindungsfähigkeit, was die Haltbarkeit durch eine stetig feuchte Oberfläche stark verkürzt. Deshalb ist es zur Herstellung von Rohschinken ungeeignet. Bei den alten Schweinerassen, die allerdings auch sehr viel fetter waren und langsamer wuchsen, kommt PSE Fleisch kaum vor.

(Dark), fest (Firm) und trocken (Dry)

DFD-Fleisch ist hauptsächlich ein Problem das bei Rindfleisch auftritt und nur seltener bei Schweinen. DFD Fleisch ist leimig, fest und hat nicht den typischen Fleischgeschmack. Für die Entstehung von DFD- Fleisch sind genetische Faktoren und auch der Stress vor und während der Schlachtung verantwortlich. Dabei wird Milchsäure im großen Maß an die Leber abgeführt und dort abgebaut. In Folge dessen ist der pH-Wert im Fleisch zu hoch, was zu einer verschlechterten Salzaufnahme und zu einer verringerten Haltbarkeit führt.

Schinken und Fleisch richtig schneiden

Damit ein Schinken genussvoll verzehrt werden kann und er schön zart wird, ist es von größter Wichtigkeit, dass er richtig angeschnitten wird. Aber nicht nur Schinken, auch Steaks, Schnitzel und Medaillons müssen, damit sie später zart sind, richtig geschnitten werden. Falsch geschnittenes Fleisch ist zäh wie eine Schuhsohle. Man muss bereits beim Schinken-Zuschnitt im Hinterkopf haben, wie der Schinken später geschnitten werden soll. Ganz besonders bei denen, die eine spezielle Form haben, wie zum Beispiel ein Schinken im Netz.

Im Fleisch verlaufen die Muskel-Fasern immer in eine Richtung (Holzstäbchen). Mit ein klein wenig Übung fällt es einem immer leichter, die Faserrichtung zu erkennen.

Man muss das Fleisch / Schinken beim Anschneiden immer quer zur Faser schneiden, wie mit der grünen Linie / Messer dargestellt. Bei einem Schinken im Netz muss der Faserverlauf vom Fleisch, wenn es in das Netz kommt, wie mit der roten Linie dargestellt verlaufen. Die grüne Linie zeigt, wie er später angeschnitten werden muss.

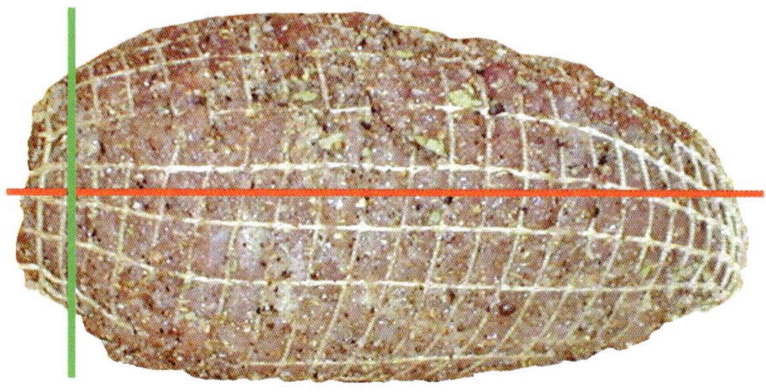

Das Salz

In allen meinen Rezepten ist immer nur von Salz die Rede. Es gibt unterschiedliche Arten von Salz. Nicht nur in Hinsicht auf den Geschmack, sondern auch ob es ein Natursalz ist oder industriell verändert wurde.

Was ist Natursalz?
Ein Natursalz wird ohne Einsatz chemischer Stoffe hergestellt und nicht gebleicht. Es werden auch keine Zusatzstoffe wie Fluor, Jod, Rieselhilfen, etc. zugesetzt. Es handelt sich nur um ein Natursalz, wenn auf der Verpackung deutlich gemacht wird, dass das Salz weder raffiniert, noch mit Zusatzstoffen versehen ist. Laut Richtlinien müssen nicht alle Zusatzstoffe deklariert werden. Hersteller natürlicher Salze schreiben deswegen auf ihre Produkte, das es ohne Reinigungen oder Zusätze hergestellt wurde.
Das besondere an Natursalzen ist der Geschmack und der natürliche Gehalt an Mineralien und anderen Elementen. Es hat nicht den stechend brennenden Geschmack wie herkömmliches Speisesalz und verstärkt den Eigengeschmack der Produkte. Es schmeckt angenehm rund und mild nach Salz.

Steinsalz
Ein Steinsalz wird in Bergwerken abgebaut und lediglich auf die gewünschte Körnung gemahlen. Bekannte Begriffe für solche Salze sind: z.B. Steinsalz, Kristallsalz, Himalaya-Salz, Ursalz.

Meersalz
Ein Meersalz wird durch Verdunstung des Wassers aus Meerwasser gewonnen und bei Bedarf auf die gewünschte Körnung gemahlen.

Handelsübliches Koch/Speisesalz:
Es wird aus Meerwasser oder aus Bergwerken gewonnen. Egal ob es Salz aus dem Meer oder Bergwerk ist, werden chemische Zusätze beigemengt, um das Salz zu reinigen und unerwünschte Stoffe herauszunehmen (Raffinierung). Warum das Salz überhaupt raffiniert wird, liegt daran, dass ca. 97% der gesamten Salzmenge von der Industrie verwendet wird. Aber nicht zur Lebensmittelherstellung, sondern zur Herstellung anderer überwiegend chemischer Produkte.
In diesen industriellen Prozessen wird lediglich das reine Natrium-Chlorid (NaCl) gebraucht. Alle anderen Elemente würden stören. Deswegen werden dem Salz alle anderen Mineralien entzogen, so dass nur noch reines NaCl übrig bleibt. Das Natrium-Chlorid ist das, was wir als salzig empfinden. Um das Ganze dann wieder „hochwertiger“ zu machen, werden noch Stoffe wie Fluorid, Jod und Rieselhilfen zugesetzt. Der große Unterschied, liegt also in der Verarbeitung und den Inhaltsstoffen.
Es hat den typisch stechenden und brennenden Salz-Geschmack.

Nitrit-Pökelsalz

Zum Pökeln von Schinken kommt in der Regel nicht nur normales Kochsalz, sondern **Nitrit**-Pökelsalz (NPS) zum Einsatz.
Dies geschieht aus mehreren Gründen. Der eine ist der Optische. Das im Salz enthaltenen Nitrat, welches von Mikroorganismen in Nitrit umgewandelt wird, sorgt für eine schöne und vor allem hitzebeständige rote Farbe des Fleisches. Besonders zum tragen kommt dies bei Kochschinken, denn wenn Fleisch ohne Nitrit-Pökelsalz erhitzt wird, verliert es die rote Farbe und wird grau.
Auch ein gepökelter Rohschinken bekommt durch Nitrit-Pökelsalz eine etwas rotere Farbe, welche appetitlicher wirkt. Außerdem bewirkt das Nitrit-Pökelsalz die Bildung des typischen Pökelaromas und beeinflusst auch die Konsistenz des Schinkens.
Ein weiterer Aspekt warum Nitrit-Pökelsalz verwendet wird, ist die konservierende Wirkung.
Nitrit-Pökelsalz hemmt das Bakterienwachstum etwas stärker als gewöhnliches Kochsalz. Deshalb sollte es beim Lakepökeln immer

verwendet werden. Außerdem hemmt es die Oxidation von Fett und verringert das Ranzigwerden.
So viel zum Nutzen von Nitritpökelsalz. Aber Nitritpökelsalz hat auch seine Schattenseiten. Es ist inzwischen erwiesen, dass es Krebs erregen oder zumindest stark begünstigen kann. Besonders beim Erhitzen von Nitritpökelsalz bilden sich Nitrosamine welche zu Krebserkrankungen führen können.

Das Bundesinstitut für gesundheitlichen Verbraucherschutz und Veterinärmedizin hat in einer aktualisierten Stellungnahme vom 23. Oktober 2001 eingeräumt, dass mit dem Verzehr von gepökelten Fleischwaren ein gesundheitliches Risiko im Hinblick auf Krebserkrankungen verbunden ist.
Inzwischen untersagen auch immer mehr Bioverbände, wie zum Beispiel „Bioland, Demeter und Gäa" den Einsatz von Pökelstoffen komplett. Was im Umkehrschluss bedeutet, dass es sehr wohl auch ohne Nitritpökelsalz geht.

....

Eine Studie, im Zeitraum vom 01.04.2000 bis zum 31.03.2002, vorgelegt von der Hochschule Anhalt, Standort Bernburg, von Professor Doktor Wolfram Schnäckel geleitet und vom Kultusministerium des Bundeslandes Sachsen-Anhalt gefördert wurde, (Förderkennzeichen: 3101 A/ 0029 R) brachte in Bezug auf die Produktion von trocken gepökeltem Rohschinken, mit und ohne NPS, folgendes zu Tage:
Zitatanfang:
Für die Produktion von Schinken lassen sich folgende wesentlichen Ergebnisse und Schlussfolgerungen ableiten:
- ***Die Farbstabilität von Kontroll- und Versuchsproben ist vergleichbar.***
- ***Eine gute sensorische Qualität kann bei Trockenpökelung ohne NPS mit Gewürzen erzielt werden, ohne dass große geschmackliche Unterschiede festgestellt werden.***
- ***Aus dem jeweiligen Salzungs- bzw. Pökelverfahren ergeben sich für Fettgehalt und Trockenmasse leichte Unterschiede innerhalb natürlicher Schwankungsbreiten für diese Produkte.***
- ***Prinzipiell zeigt sich, dass alle Produkte mikrobiologisch als ausreichend sicher bezeichnet werden können.***

Zitatende.

Obergrenzen von Nitritpökelsalz

Neuere Erkenntnisse über mögliche gesundheitliche Risiken durch Verwendung von Nitrit, aber auch Gründe des vorbeugenden Verbraucherschutzes haben dazu geführt, dass 1980 der Gehalt an Nitrit im Nitritpökelsalz um 20% auf 0,4-0,5% reduziert wurde. Die im Lebensmittel zum Zeitpunkt der Abgabe an den Endverbraucher zulässige Konzentration von Nitrit wurde auf eine maximal zulässige Höchstmenge, je nach Produkt von **50-175 mg/kg** festgelegt.

Eine Konzentration von 0,5% bedeutet konkret, dass in einem kg Nitritpökelsalz 5 Gramm Nitrit enthalten sind. Dies bedeutet, man darf pro Kilogramm Schinkengewicht **maximal 35 Gramm pures Nitritpökelsalz** verwenden, um die maximal zulässige Obergrenze nicht zu überschreiten. Wenn mehr Salz gebraucht wird, muss man den Rest durch Kochsalz ersetzen. Nimmt man die Grenze von 50 mg je Kilogramm, dann dürfte man **maximal 10 Gramm pures Nitritpökelsalz** nehmen.

Ich persönlich verwende, zum Pökeln von Schinken, beim Trocken-Pökelverfahren, überhaupt kein Nitritpökelsalz, sondern ausschließlich unbehandelte Natursalze. Meine Gesundheit ist mir viel zu wichtig, als dass ich sie wegen eines etwas roteren Schinkens aufs Spiel setzen würde. Inzwischen ist es hinreichend belegt, dass beim Trockenpökeln auf Nitritpökelsalz verzichtet werden kann, wenn sauber und hygienisch gearbeitet wird.
Beim Nasspökeln sollte jedoch aus Sicherheitsgründen mindestens 1/3 vom Salz Nitritpökelsalz sein, denn die Gefahr, dass ansonsten etwas schief geht, ist hoch. Wenn man Nasspökeln und den Gehalt an Nitritpökelsalz niedrig halten will, empfehle ich außerdem, nur relativ kleine Schinken zu machen, weil diese schneller durchsalzen. Die Temperaturen, bei denen das Fleisch pökelt, sollten 5 °C nicht überschreiten und es muss so hygienisch wie möglich gearbeitet werden.

Es liegt nun an ihnen, zu entscheiden, ob Sie Nitritpökelsalz verwenden wollen oder Ihrer Gesundheit zuliebe darauf verzichten, oder den Anteil von Nitritpökelsalz zumindest reduzieren.

Wer auf Nitritpökelsalz nicht verzichten will, findet im Anschluss nützliche Informationen über Grenz- und Mindestwerte und die daraus resultierenden Mischungsverhältnisse von **Nitrit**pökelsalz (Nitritgehalt 0,5%) und herkömmlichen Salz.

Nasspökeln mit reduziertem Nitritpökelsalzgehalt

Während sich das Trockenpökeln ohne Nitritpökelsalz als sehr einfach gestaltet, ist das Nasspökeln ohne Nitritpökelsalz leider ein äußerst heißes Eisen, denn es kann sehr leicht schief gehen. Es ist deshalb, wie bereits oben erwähnt, ratsam, dass beim Nasspökeln, zumindest etwa 1/3 vom Salz Nitritpökelsalz sein sollte. Wenn man beim Nasspökeln den Gehalt von Nitritpökelsalz reduzieren will, muss man besonders sauber und hygienisch arbeiten. Die Temperatur während dem Durchsalzen darf dann bei maximal 5 °C liegen. Die Kühlkette darf vor dem Pökeln bis zum Räuchern keinesfalls unterbrochen werden.

Nasspökeln mit Nitritpökelsalz

Wenn beim Nasspökeln **Nitrit**pökelsalz verwendet wird, werden je 660 ml Lake (Menge die je kg Fleisch gebraucht wird), folgende Mischungen eingesetzt:

Die Mindestmenge:
Die Mindestmenge, die an **Nitrit**pökelsalz gebraucht wird, damit der Umröteprozess und die typische Pökel-Aromabildung entstehen, beträgt 19 Gramm.

Verwenden Sie dazu folgende Mischung je 660 ml Lake:

19 Gramm **Nitrit**pökelsalz
50 Gramm Natursalz

Die goldene Mitte:
Bei dem von den meisten Bioverbänden zugelassenen / empfohlenen Maximalgehalt käme folgendes Mischungsverhältnis je 660 ml Lake zum Einsatz:

33 Gramm **Nitrit**pökelsalz
36 Gramm Natursalz

Die Obergrenze:
Der gesetzlich festgelegte obere Grenzwert wird spätestens dann erreicht, wenn pro 660 ml Lake 58 Gramm pures **Nitrit**pökelsalz verwendet wird. Verwenden Sie folgende Mischung:

58 Gramm **Nitrit**pökelsalz
11 Gramm Natursalz

Trockenpökeln ohne Nitritpökelsalz

Beim Trockenpökeln kann man problemlos auf Nitritpökelsalz verzichten. Man verwendet zum Pökeln eine Mischung aus Natursalz, Gewürzen und Zucker. Der Einsatz von Natursalz ist auch deshalb zu empfehlen, weil es nicht raffiniert wurde und somit geringe Mengen von natürlichen Pökelstoffen enthält, die das Ergebnis positiv beeinflussen. Der Zucker hat auf Bakterien, die eine Umrötung fördern, eine positive Wirkung. Er trägt somit zu einer etwas ansprechenderen Farbe bei, welche allerdings nicht so rot ist, wie wenn man Nitritpökelsalz verwendet.
Man verwendet bei Natursalz lediglich zur Sicherheit ein klein wenig mehr Salz, als wenn man Nitritpökelsalz verwenden würde. Bei allen Rezepten ist dies schon bereits berücksichtigt, Sie brauchen also nichts umzurechnen.

Trockenpökeln mit Nitritpökelsalz

Falls Sie auf Nitritpökelsalz nicht verzichten wollen, gibt es unterschiedliche Grenzen und Mindestmengen, die eingesetzt werden können.
Die Gesamtmenge an Salz kann, wenn dies wenn dies erwünscht ist, auf 37 Gramm je kg Fleisch reduziert werden.
Man verwendet generell nicht nur pures **Nitrit**pökelsalz, sondern immer eine Mischung aus Nitritpökelsalz und Kochsalz, oder besser Natursalz. Da ich in meinen Rezepten generell eine Menge von 39 Gramm Salz je kg einsetze, rechne ich hier ebenfalls die Mischung auf eine Gesamtmenge von 39 Gramm um.

Die Mindestmenge
Die Mindestmenge, die an **Nitrit**pökelsalz gebraucht wird, damit der Umröteprozess einsetzt und die typische Pökel-Aromabildung entsteht, beträgt rund 7,5 Gramm.
Verwenden Sie also in diesem Fall bei einer Gesamtsalzmenge von 39 Gramm je kg folgendes Mischungsverhältnis:

7,5 Gramm **Nitrit**pökelsalz
31,5 Gramm Natursalz

Die goldene Mitte
Der von den meisten Bioverbänden zugelassene beziehungsweise empfohlene Maximalgehalt liegt bei rund 20 Gramm **Nitrit**pökelsalz je Kilogramm Fleischgewicht. In diesem Fall käme somit das folgende Mischungsverhältnis zum Einsatz:

19 Gramm **Nitrit**pökelsalz
20 Gramm Natursalz

Die Obergrenze
Der gesetzlich festgelegte obere Grenzwert für Nitrit wird spätestens dann erreicht, wenn man 35 Gramm **Nitrit**pökelsalz (0,5%) je kg Fleischgewicht verwendet.
Wer bis an die Obergrenze gehen will, kann folgendes Mischungsverhältnis verwenden:

35 Gramm **Nitrit**pökelsalz (0,5%)
4 Gramm Natursalz

Das Wichtigste in Kürze

- **Alle Rezepte in diesem Ratgeber sind beim Trockenpökeln für die Verwendung von 100 % Natursalz geschrieben.**
- Wer auf Nitritpökelsalz verzichten möchte, kann die Rezepte einfach 1:1 übernehmen.
- Wenn Nitritpökelsalz eingesetzt wird, könnte die Gesamtsalzmenge beim Trockenpökeln (wenn dies gewünscht wird) auf 37 Gramm je kg Fleisch reduziert werden.
- Beim Trockenpökeln mit Nitritpökelsalz, bei der empfohlenen Salzmenge von 39 Gramm je kg Fleischgewicht, kann man folgende Mischungen verwenden:

Mindestmenge: 7,5 g Nitritpökelsalz + 31,5 g Natursalz

Die goldene Mitte: 19 g Nitritpökelsalz +20 g Natursalz

Die Obergrenze: 35 g Nitritpökelsalz + 4 g Natursalz

- Beim Nasspökeln mit Nitritpökelsalz und der von mir empfohlenen Salzmenge von 69 Gramm je 660 ml Lake, können die folgenden Mischungen verwendet werden:

Mindestmenge: 19 g Nitritpökelsalz + 50 g Natursalz

Die goldene Mitte: 33 g Nitritpökelsalz + 36 g Natursalz

Die Obergrenze: 58 g Nitritpökelsalz + 11 g Natursalz

Der Einsatz von Zucker

Zucker optimiert den Konservierungsprozess, denn er ist „Kraftfutter“ für die milchsäurebildenden Bakterien. Milchsäure hat eine konservierende Wirkung (wie z.B. auch beim Sauerkraut). Aber auch Mikroorganismen, die für die Umrötung des Fleisches verantwortlich sind, profitieren von dem Zucker und verursachen eine schöne Färbung des Schinkens. Auch die aromabildenden Bakterien profitieren vom Zucker und tragen zu einem verbesserten Geschmack bei. Diese aromabildenden Bakterien sind von Region zu Region unterschiedlich und tragen so zu dem typischen Geschmack regionaler Spezialitäten maßgeblich bei. Ein gutes Beispiel dafür sind die Tiroler Fleisch- und Wurstspezialitäten, welche allesamt einen typischen gemeinsamen Grundgeschmack und Geruch haben, der in einer weiter entfernten Region nie identisch erreicht werden kann.
Man sollte zum Pökeln von Schinken aber nicht zuviel Zucker verwenden, denn ein Übermaß schadet mehr, als es nutzt. In der Praxis hat sich eine Menge von 3-4 Gramm je kg Schinkengewicht bewährt. Auch beim Zucker gibt es große Unterschiede, so kann zum Beispiel Traubenzucker von den Mikroorganismen schneller verwertet werden, als der gewöhnliche Haushaltszucker.
Als ideale Mischung hat sich für Rohschinken ein Verhältnis von 1:1 Traubenzucker zu Kristallzucker oder Rohrzucker bewährt.
Bei der Pökelung mit der Lakespritze, bei der der Pökelvorgang sehr viel schneller abläuft, sollte man nur reinen Traubenzucker verwenden.

Das Wichtigste in Kürze:

- Je Kilogramm Schinkengewicht verwendet man 3-4 Gramm Zucker.
- Für die Herstellung von Rohschinken verwendet man eine Mischung aus 1 Teil Traubenzucker und 1 Teil Haushaltszucker.
- Bei der Herstellung von Kochschinken mit der Lakespritze verwendet man puren Traubenzucker, da hier der Pökelvorgang sehr viel schneller abläuft.

Grundsätzliches bei der Schinken-Herstellung

Natürliche Schwankungen

Wenn man Schinken macht, wird es immer Schwankungen geben. Hin und wieder kann es auch passieren, dass mal eine Kleinigkeit schief geht. Man sollte sich davon nicht entmutigen lassen, sondern vielmehr nach den Ursachen suchen. So kann man es beim nächsten Mal besser machen, denn es ist noch kein Meister vom Himmel gefallen.

Fleisch ist ein Lebensmittel und kein Stück ist wie das Andere. Es gibt unterschiedliche Tierrassen und Unterschiede bei der Mast. Daher resultieren beispielsweise Unterschiede des äußeren und inneren Fettgehalts, der sich mitunter auch auf die Pökeldauer auswirkt.

Auch bei den Gewürzen gibt es extreme Schwankungen in der Intensität und Würzkraft. Und selbstverständlich hat auch jeder Mensch ein anderes Geschmacksempfinden.

Ebenso ist es beim Räuchern. Man kann da leider nur Richtwerte angeben. Denn jeder Räucherofen und auch der Räuchermeister ist anders. Im Zweifelsfall entscheidet deshalb immer nur Ihr persönlicher Geschmack.

Welches Rezept für welches Fleischstück?

In allen Rezepten ist angegeben, welches Stück Fleisch sich dafür ganz besonders gut eignet. Allerdings ist es natürlich auch möglich, jedes Rezept für jedes beliebige Stück Fleisch zu verwenden. Genauso kann man auch jedes Rezept für jede beliebige Tierart verwenden.

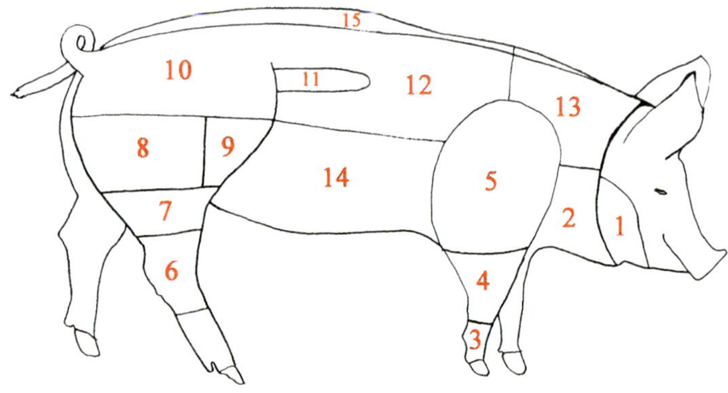

1:Backe
2: Brust
3: Spitzbein
4: Vorder-Eisbein
5: Bug/ Schulter
6: Schinken-Eisbein
7: Unterschale
8: Oberschale
9: Nuss / Kugel
10: Schinkenspeck-Hüfte
11: Filet
12: Kotelett / Rücken
13: Hals / Kamm / Nacken
14: Bauch
15: Rückenspeck

Fleischzuschnitt

Ein sauberer Fleischzuschnitt ist bei der Schinkenherstellung sehr wichtig. Nur wenn das Fleisch ordentlich zugeschnitten wurde, hat man später einen ungestörten Genuss.

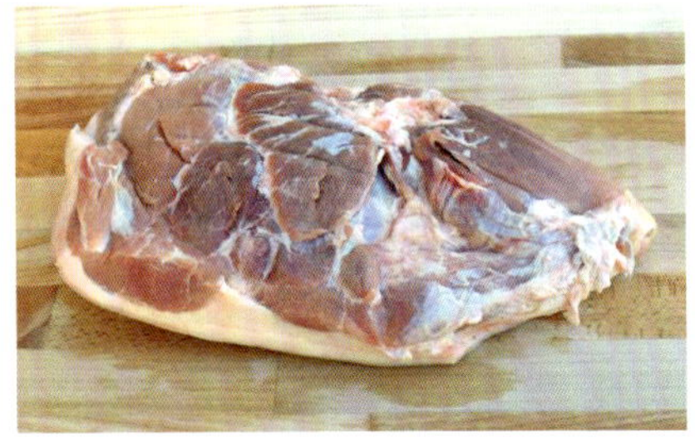

Ein rohes Stück Fleisch.

So sollte es fertig aussehen.

Nichts ist ärgerlicher, als auf einer Sehne, Silberhaut oder Faser herumzukauen. Deshalb müssen diese unbedingt sauber weggeschnitten werden.

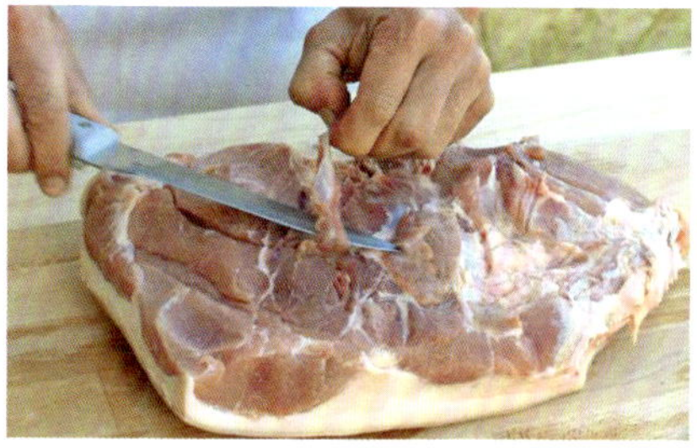

Entfernen Sie unbedingt alle Silberhäute und Sehnen.

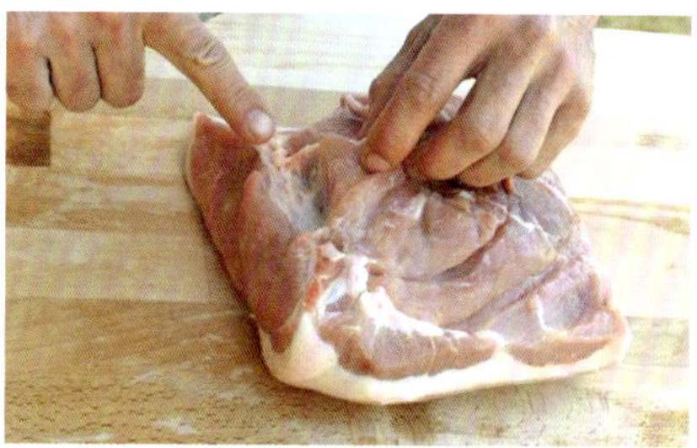

Auch Fleischtaschen entfernen.

Man muss auch blutige Stellen oder Blutergüsse sauber und großzügig entfernen. Denn diese bieten Bakterien einen guten Nährboden und können deshalb einen eventuellen Verderb begünstigen. Die Oberfläche des Schinkens sollte möglichst glatt und sauber sein. Deshalb auch alle „Taschen“ und loses Fett entfernen.

Entfernen Sie alles lose Fleisch.

Auch das äußere Fett, wenn nicht durch Schwarte bedeckt, sollte weg.

Vermeiden Sie es, unnötige Stiche oder Schnitte ins Fleisch zu machen. Schneiden Sie generell lieber ein bisschen zu viel weg, als zu wenig. Die Abschnitte sind kein Abfall, sondern können später exzellent zu Wurst, Hackfleisch oder Fleischbrühe weiter verarbeitet werden.

Die Temperaturen

Bei Fleisch, das zur Herstellung von Schinken gedacht ist, darf es keine Unterbrechung der Kühlkette geben. Vor dem Zuschnitt und dem Einsalzen, sollte das Fleisch möglichst gut durchgekühlt werden. Für die Lagerung während der Pökelzeit gelten folgende Richtlinien:

- Trockenpökeln mit Natursalz oder NPS bis maximal 10 °C.
- Nasspökeln mit NPS-Gehalt im mittleren Bereich 7-8 °C.
- Nasspökeln mit NPS-Gehalt an der Untergrenze 3-5 °C.

Schinken ohne Nitritpökelsalz sollte man besser nur mit der Trockenpökel-Methode herstellen, das ist einfach am sichersten. Falls man Nasspökeln und den Nitritpökelsalz-Gehalt reduzieren möchte, sollte man bevorzugt möglichst kleine Schinken machen. Diese sind schneller durchgepökelt und erhöhen dadurch die Sicherheit.

Die Umgebungstemperatur sollte beim Einsalzen von Schinken generell so niedrig wie möglich sein. Sie kann aber für kurze Zeit problemlos auch mal etwas höher sein. Wichtig ist, dass das Fleisch nur so kurz wie möglich den höheren Temperaturen ausgesetzt ist und so schnell wie möglich wieder ins Kühle kommt. Falls in dem Raum, in dem eingesalzen werden soll, höhere Temperaturen herrschen, darauf achten, dass das Fleisch vorher gut durchgekühlt wurde. Dann das Fleisch erst unmittelbar zum Einsalzen aus dem Kühlschrank nehmen und danach direkt ins Kühle. Wichtig ist, dass das Fleisch nur so kurz wie möglich im Warmen ist.

Mit den Temperaturen während dem Einsalzen braucht man sich aber keine all zu großen Sorgen machen und ständig ängstlich auf das Thermometer schielen. Denn hier sei nur beiläufig erwähnt, dass es auch in jedem wärmeren Land wie beispielsweise Italien, Spanien, etc. auch Schinken gibt. Ich selber war im Juni bei Verwandtschaft auf Sardinien zu Besuch und wir haben dort, trotz höherer Temperaturen, ein paar Schinken trocken gepökelt und sie sind alle gelungen.

Schinken pökeln im Kühlschrank

Wenn man keinen kühlen Raum zur Verfügung hat, kann man Schinken auch im Kühlschrank pökeln. Wegen der in Kühlschränken stehenden Luft, sollte die Luft öfters und regelmäßig ausgetauscht werden. Je nach Inhalt des Kühlschrankes schwankt die Luftfeuchtigkeit enorm, sie sollte bei 70-75% liegen. Den Schinken beim Trockenpökeln auch regelmäßig trockentupfen, denn sonst kann sehr leicht Schimmel entstehen.

Anforderungen an das Fleisch

- Das Fleisch, welches zur Herstellung von Schinken verwendet werden soll, muss so frisch wie möglich sein. Spätestens 3 Tage nach der Schlachtung sollte es eingesalzen werden.
- Geflügel sollte sicherheitshalber nur zu Kochschinken verarbeitet werden. Die Kerntemperatur sollte dabei für mindestens 10 Minuten bei 71 °C liegen.
- Man darf kein PSE / DFD Fleisch verwenden (siehe Seite 23).
- Ideal ist ein pH-Wert im Fleisch von < 5,9.
- Das Fleisch sollte keine unnötigen Löcher, Schnitte, „Taschen" oder lose „Lappen" aufweisen.
- Fleisch von brunftigen Tieren ist zur Schinkenherstellung nicht geeignet.
- Keinesfalls Fleisch verwenden, in dem blutige Stellen oder Blutergüsse sind. Diese müssen sorgfältig weggeschnitten werden, weil sich dort unerwünschte Mikroorganismen stark vermehren und den Schinken verderben können.
- Das Fleisch von älteren Tieren eignet sich zur Herstellung von Roh-Schinken besser, als das von jüngeren Tieren.
- Verwenden Sie am besten hochwertiges Bio-Fleisch.
- Die Fleischqualität entscheidet beim Schinken noch viel drastischer, als bei Wurstwaren, wie gut das Endprodukt wird.

<u>Beim Fleischeinkauf sparen zu wollen, ist grundverkehrt!</u>

Hygiene

Bei der Herstellung von Schinken ist besonders auf die Hygiene zu achten. Alle Werkzeuge, Behälter und Gerätschaften, die zum Einsatz kommen, müssen vorher und auch nach Gebrauch gründlich gereinigt werden. Auch sollte das sorgfältige Händewaschen eine Selbstverständlichkeit sein. Keinesfalls sollte man Geflügel zeitgleich mit anderem Fleisch verarbeiten (Stichwort: Salmonellen). Pökelgefäße stets sorgfältig und insektensicher verschließen, aber nicht komplett luftdicht.

Die Größe der Schinken

Man sollte, wenn man die Schinken in Gewürzlake oder Eigenlake pökeln will, darauf achten, dass möglichst alle dieselbe Größe haben. Dann sind alle in etwa gleichzeitig durchgesalzen und auch der Salzgehalt ist bei allen gleich. Hat man sehr unterschiedliche Größen, kann es sein, dass die einen längst fertig sind, aber die anderen noch Zeit brauchen und ihnen noch Salz fehlt. Falls man gezwungenermaßen, große Größenunterschiede hat, ist es überlegenswert, zwei separate Pökelbehälter zu verwenden. Einen für die Großen und einen für die Kleinen. Beim Trockenpökeln spielen Größenunterschiede nur dann eine Rolle, wenn man alle zeitgleich in den Rauch bringen will. Es empfiehlt sich generell, keine allzu großen Schinken zu machen, sondern lieber mehrere Kleine.

Eine Größe von 1 bis maximal 2 kg je Schinken hat sich in der Praxis bestens bewährt.

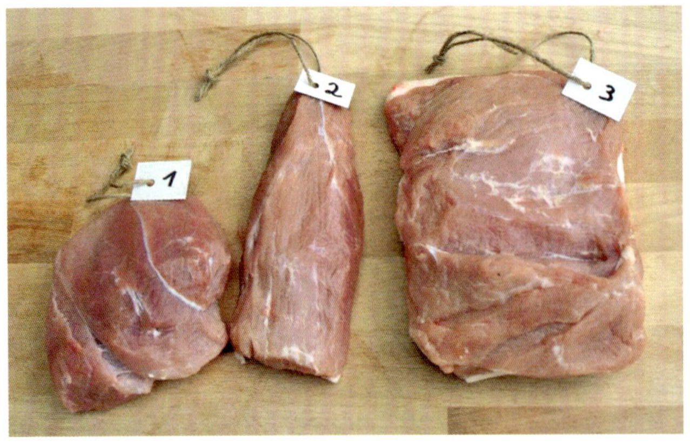

Kleine Schinken haben folgende Vorteile:

- Sie sind schneller durchgesalzen, das Risiko von Fehlprodukten sinkt dadurch erheblich.
- Wenn man den Schinken angeschnitten hat, ist er zügiger verzehrt und trocknet deshalb, bis er schließlich komplett gegessen ist nicht so stark aus.
- Falls doch mal bei einem Schinken etwas schief gehen sollte, ist der Verlust kleiner.
- Die Muskelfasern im Fleisch verlaufen teilweise in unterschiedliche Richtungen. Beim Zuschnitt ist es bei kleineren Schinken leichter, den Zuschnitt so zu machen, dass man einen gleichmäßigen Faserverlauf hat. Beim Anschnitt kann man dann sauber quer zur Faser schneiden. Die fertigen Schinken werden dadurch viel zarter.

Das Fett

Das äußere Fett darf nur dann am Schinken bleiben, wenn es fest daran haftet. Wenn es bereits angerissen wurde, ist es besser, es zu entfernen, weil sich in der dadurch gebildeten Spalte / Tasche sonst Feuchtigkeit stauen und unerwünschten Mikroorganismen einen Nährboden bieten könnte.

Wenn das Fett allerdings fest am Fleisch ist, schützt es das Fleisch dahinter vor Bakterien und Austrocknung.
Ob man das äußere Fett am Fleisch lassen möchte, ist eine Geschmackssache. Der eine mag es, der andere überhaupt nicht. Zum einen schützt es das Fleisch zwar vor dem Austrocknen, aber das äußere Fett kann bei längerer Lagerung, insbesondere bei Lichteinwirkung ranzig werden. Besonders dann, wenn kein Nitritpökelsalz verwendet wird. Deshalb unbedingt auf eine dunkle Lagerung achten oder das Fett entfernen.
Bei einer Lagerdauer von 2-3 Monaten im Dunkeln, ist bei mir bis jetzt aber noch nie etwas passiert. Wenn das Fleisch schnell durchsalzen soll, weil zum Beispiel die Temperaturen ungünstig sind, oder der Schinken aus anderen Gründen schnell fertig werden soll, empfiehlt es sich ebenfalls, das äußere Fett zu entfernen. Denn der Pökelprozess wird durch Fett gebremst und verlangsamt.

Ist das Räuchern ein Muss?

Früher, als man immer größere Mengen Schinken auf einmal gemacht hat und das Fleisch lange haltbar gemacht werden musste, war das Räuchern zwingend erforderlich. Denn es trägt einen ganz erheblichen Teil zur Konservierung bei. Und damals gab es weder Kühlschränke noch Gefriertruhen. Heutzutage ist der Aspekt der Haltbarmachung, allerdings in den Hintergrund gerückt, das Räuchern dient eher dem Aromatisieren.
Bei den besonders edlen und geschmacksintensiven Fleischteilen, wie zum Beispiel Nuss- oder Lachsschinken, wollen viele auch auf das Räuchern verzichten, um den Fleischgeschmack im Vordergrund zu haben. Man kann in dem Fall getrost auf das Räuchern verzichten.
Ungeräucherter Schinken ist allerdings, wie anfangs erwähnt, nicht so lange haltbar wie geräucherter und sollte deshalb schneller verzehrt oder eingefroren werden.

Durchbrennen

Zum Durchbrennen werden die Schinken nach dem Pökelprozess, dem Wässern und Abwaschen aufgehängt. Das Durchbrennen lassen sollte bei 2-10°C und 65-70% Luftfeuchte erfolgen. Während dem Durchbrennen verteilt sich das Salz gleichmäßig im Schinken. Direkt nach dem Pökeln ist der Salzgehalt im äußeren Bereich noch wesentlich höher als im Inneren. Auch der Wassergehalt wird durch die Trocknung geringer und dadurch verändert sich auch die Salzkonzentration im Schinken:
→ der Schinken wird etwas salziger.

Grundsätzliches zu den Pökelzeiten

Bei den Pökelzeiten gibt es leider keine absolut festen Zeiten. Fleisch ist ein Naturprodukt. Viele Faktoren haben einen Einfluss darauf, wie lange ein Stück Fleisch tatsächlich braucht, bis es zu 100% durchgesalzen ist:

- Fettgehalt
- Fleischzuschnitt
- Wassergehalt
- PH-Wert des Fleisches
- Die Temperatur während des Pökelprozesses
- Tierart und Alter des Tieres
- Und vieles mehr

Generell sollte man lieber etwas zu lange pökeln, als zu kurz.
Die auf den nächsten Seiten folgenden Richtwerte haben sich über die Jahre gut bewährt.

Pökelzeiten beim Trockenpökeln

Um die Pökeldauer bei der Trockenpökel-Methode zu ermitteln, wird einfach das Fleischstück an der dicksten Stelle gemessen. Je Zentimeter Fleischdicke wird das Fleisch für rund 19-20 Stunden gepökelt, ehe es kurz unter fließendem, kalten Wasser abgewaschen wird.

Man muss die Zeit nicht auf die Stunde genau abmessen. Ich persönlich runde bei größeren Fleischdicken immer auf volle Tage auf. Falls man an dem Tag, an dem das Fleisch fertig sein sollte, keine Zeit hat, kann das Fleisch auch bedenkenlos 1-2 Tage später abwaschen und weiterverarbeitet werden. Beim Trockenpökeln kann, wenn genau gearbeitet wurde, so oder so nichts versalzen werden. Falls das Fleisch sehr fett ist, verlangsamt sich der Pökelprozess erheblich. Dann muss je Zentimeter Fleischdicke für 29-30 Stunden gepökelt werden.

Pökelzeiten beim Nasspökeln

Eine exakte Zeitangabe, wie beim Trockenpökeln, kann man beim Nasspökeln leider nicht geben. Warum dies so ist und wie man sich dennoch behelfen kann, möchte ich nachfolgend erläutern.

Das Nasspökeln geht wesentlich langsamer vonstatten als das Trockenpökeln. Das hängt mit dem osmotischen Druck zusammen. Vereinfacht gesagt: Je höher die Konzentration von gelösten Stoffen (in diesem Fall das Salz) auf der einen Seite der Membran (in diesem Fall das Fleisch) desto schneller wandern die gelösten Stoffe durch die Membran, bis auf beiden Seiten ein Gleichgewicht herrscht. Beim Nasspökeln ist die anfängliche Salzkonzentration nicht annähernd so stark wie beim Trockenpökeln.

Der Vollständigkeit halber sei kurz erwähnt, dass die Salzkonzentration beim Trockenpökeln auf der äußeren Schicht zu Beginn bei rund 26 % liegt. Beim Nasspökeln liegt die Anfangskonzentration von gelöstem Salz lediglich bei 10-12 %.

Erschwerend kommt noch hinzu, dass die Salzkonzentration in der Lake während dem gesamten Pökelprozess kontinuierlich sinkt. Weshalb sich der Pökelprozess (Salzaufnahme des Fleisches aus der Lake) im Verlauf stetig verlangsamt.
Ebenso spielt es eine große Rolle, ob eine Seite des Fleisches durch die Schwarte oder eine dicke Fettschicht abgedeckt ist. Dies führt ebenfalls zu einer verlangsamten Salzaufnahme.

Generell braucht fettes Fleisch auch beim Nasspökeln länger als mageres Fleisch. Es ist deshalb praktisch unmöglich, einen zu 100% exakten Stunden-Wert für die Pökeldauer anzugeben.

Man kann lediglich als groben Richtwert bei einer Lakestärke im Bereich von ca. 10 °Bé und Fleisch mit ausgewogenem Fettanteil eine Pökeldauer von **ca. 55 Stunden je cm Fleischdicke** ansetzen.

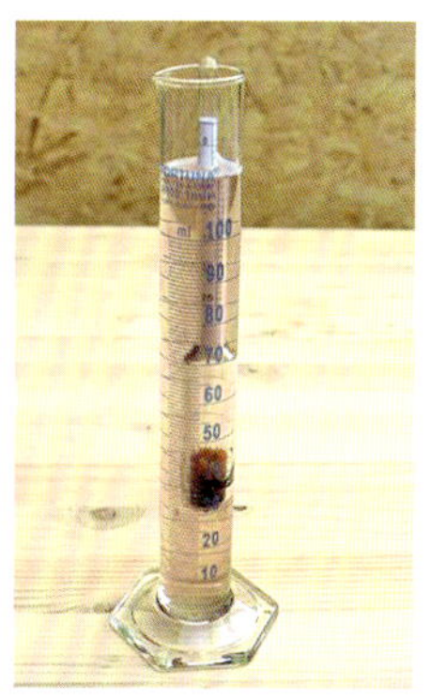

Allerdings gibt es dennoch eine Möglichkeit, die zusätzliche Klarheit verschaffen kann. Man kann mit einem Lakemesser die Konzentration der Lake messen. So bekommt man einen groben Überblick, wie weit die Salzaufnahme des Fleisches vorangeschritten ist. Je mehr Salz in das Fleisch gewandert ist, desto schwächer wird die verbliebene Salzkonzentration der Lake.

Der Pökelprozess ist abgeschlossen, wenn die Salzkonzentration in der Lake auf etwa 55-60% der Anfangskonzentration gesunken ist. Auch hier gibt es Schwankungen, weil der Wassergehalt vom Fleisch recht unterschiedlich sein kann und aus dem Fleisch austretendes Wasser die Lake verdünnt.

Voraussetzung dafür, dass diese Messung einigermaßen verlässliche Rückschlüsse bringt, ist dass man das Verhältnis von Lake zu Fleisch, exakt eingehalten hat.

Zubereitung und Umrechnung der Gewürzmischungen

Bei der Zubereitung der Gewürzmischungen sollten Sie Folgendes beachten:
Wenn im Rezept nicht explizit angegeben ist, dass gemörsert, zerdrückt oder geschrotet werden soll, sollten die Gewürze so fein wie möglich gemahlen werden. So geben sie ihr Aroma am besten an das Fleisch ab. Am besten eignet sich dazu eine Mühle mit Schlagwerk. Auch gröberes Salz sollte zusammen mit den Gewürzen fein gemahlen werden. So haftet es beim Einreiben besser am Fleisch und lässt sich besser verteilen. Frischer Knoblauch wird so fein wie möglich gehackt und dann anschließend unter die Salz-Gewürzmischung untergemischt.

Umrechnung der Gewürzmenge einfach gemacht
Wenn man nicht gerade ein Fleischstück von exakt 1 kg hat, muss man die Rezepte für jede Zutat umrechnen. Dazu gibt es einen kleinen Trick, wie man das sehr einfach machen kann.

Fleischgewicht kleiner als 1 kg:
Angenommen Sie haben ein Stück Fleisch, das nur 857 Gramm wiegt, dann gehen Sie wie folgt vor:
Nehmen Sie die im Rezept angegebene Menge und rechnen Sie mit dem Taschenrechner einfach „mal" 0,857. Bei 375 Gramm würde man „mal" 0,375 rechnen.

Beispiel: Das Fleisch wiegt 625 Gramm und im Rezept steht
39 Gramm Salz. Dann rechnen Sie einfach folgendermaßen:
39 „mal" 0,625 = 24,37 Gramm Salz.

Fleischgewicht größer als 1 kg:
Bei einem Gewicht größer als 1 kg rechnet man folgendermaßen:
1375 Gramm Fleischgewicht -> „mal" 1,375
2563 Gramm Fleischgewicht -> „mal" 2,563

Beispiel: Das Fleisch wiegt 1758 Gramm und im Rezept steht
39 Gramm Salz. Dann rechnen Sie einfach folgendermaßen:
39 „mal" 1,758 = 68,56 Gramm.

Die Herstellung von Lake

Die Herstellung von Pökellake ist eine relativ einfache Sache, allerdings muss hier genau gearbeitet werden. Messfehler beim Salz können dazu führen, dass entweder alles versalzen ist, oder wenn zu wenig Salz verwendet wurde, kann der Schinken verderben!
Ich persönlich bevorzuge es, die Lake mit der Waage (Salzmengen in Gramm siehe Laketabelle) herzustellen und den Lakemesser lediglich zur Kontrolle zu verwenden, wenn die Lake wieder abgekühlt ist. So habe ich zum einen die doppelte Sicherheit und es geht meines Erachtens nach auch wesentlich einfacher, genauer und vor allem schneller. Es ist viel einfacher, das Salz einfach abzuwiegen, anstatt immer wieder ein bisschen Salz ins Wasser zu geben, umzurühren und dann wieder mit dem Lakemesser nachzumessen.
Ein weiterer Grund für die Methode mit der Waage ist der, dass in einigen Rezepten nur ein Teil Nitritpökelsalz und der Rest aus Kochsalz (besser Natursalz) besteht. Da wird es dann mit dem Lakemesser schwierig und umständlich.

Achtung: Überprüfen Sie den Messbecher, der zum Abmessen der Lake verwendet wird auf seine Genauigkeit (siehe Prüfung der Messgeräte). Die genaueste Methode, um kleinere Wassermengen abzumessen, ist die Verwendung einer präzisen Waage.
1 Liter Wasser wiegt 1000 Gramm.

Gehen Sie zur Herstellung von Lake folgendermaßen vor:

Da Leitungswasser nie zu 100% frei von Bakterien und Mikroorganismen ist, empfiehlt es sich, das Wasser für die Lake immer abzukochen. So kann die Gefahr, dass die Lake später „kippt“ minimiert werden.

Kleiner Tipp am Rande:
Da Leitungswasser öfters mit größeren Mengen von Chlor versetzt wird und somit einen unangenehmen Geschmack hat, sollte man zur Herstellung von Lake besser gefiltertes Wasser verwenden.

Messen Sie die erforderliche Wassermenge ab und bringen Sie diese mit geschlossenem Deckel zum Kochen. Der verschlossene Deckel ist deshalb wichtig, weil ansonsten viel Wasser verdunsten kann und die Lake später dann zu stark geraten kann.

Solange das Wasser heiß wird, werden die Gewürze abgewogen und gemahlen. Wenn das Wasser gekocht hat, wird es vom Herd genommen und das Salz und die Gewürze zugegeben. Den Topf immer geschlossen halten. Den Knoblauch erst in die abgekühlte Lake geben, da er dann sein typisches Aroma behält. Keinesfalls rohe Zwiebeln in die Lake geben, diese können gären und alles verderben. Deshalb Zwiebeln in feine Ringe schneiden und kräftig mitkochen lassen! Dann lässt man die Lake abkühlen.

Bevor die abgekühlte Lake über das Fleisch gegossen wird, empfiehlt es sich, die Lakestärke mit dem Lakemesser zu prüfen. Wenn man einen Fehler gemacht haben sollte, kann man diesen jetzt noch sehr einfach korrigieren.

So geht es schneller:
Wenn man die Fleischmenge, die gepökelt werden soll, bereits im Voraus kennt, dann empfiehlt es sich, die Lake bereits am Vorabend zu machen. Dann ist sie am nächsten Tag abgekühlt, sie kann dann sofort verwendet werden und es gibt keine unnötigen Wartezeiten.

Laketabelle

Die folgende Tabelle kann zur Umrechnung von Baumé-Grad (°Bé) in Gramm genutzt werden.

Lakeschärfe in °Bé	Salz je Liter Wasser
1	10
2	20
3	31
4	42
5	53
6	64
7	75
8	87
9	99
10	111
11	124
12	136
13	150
14	163
15	176
16	190
17	205
18	220
19	235
20	250
21	267
22	286
23	299
24	316
25	333

Schinken Trockenpökeln

Diese Methode stellt bei der Herstellung von Schinken die Königsdisziplin dar. Versuchen Sie sie unbedingt einmal, Sie werden keinen anderen Schinken mehr haben wollen. Diese Methode hat die meisten Vorteile und das Endergebnis ist durch keine andere Vorgehensweise zu erreichen.

Die Trocken-Pökelmethode ist die höchste Qualitätsstufe. Der Preis für trocken gepökelten Schinken liegt in den meisten Metzgereien (wenn überhaupt erhältlich) fast doppelt so hoch wie der für herkömmlichen Schinken.

Die Trockenpökel-Methode hat den großen Vorteil, dass man den Schinken dabei nicht versalzen kann. Das einzige Messinstrument, das man dazu braucht, ist eine genaue Waage. Weil keine Lake im Spiel ist, wird der Geschmack des Schinkens während dem Pökeln nicht verwässert, wie dies beim Pökeln mit einer Lake der Fall ist. Ein weiterer Vorteil ist der, dass der Schinken die Gewürze sehr gut aufnimmt.

Durch den Flüssigkeitsverlust verdichtet sich das Aroma im Fleisch und trocken gepökelte Schinken sind wesentlich besser haltbar als nassgepökelte Schinken. Beim Trockenpökeln dürfen die Temperaturen auch etwas höher sein, als beim Nasspökeln.

Die Nachteile bestehen lediglich im geringfügig höheren Arbeitsaufwand, welcher sich aber mehr als lohnt und dem größeren Gewichtsverlust, weil dem Fleisch etwas mehr Wasser entzogen wird als beim Nasspökeln.

Anleitung zum Trockenpökeln

Befreien Sie das Fleisch von blutigen Stellen, losem Fett, Silberhäuten, Sehnen und allen „Taschen“ und Vertiefungen, bis Sie ein schönes glattes Stück Fleisch haben. Arbeiten Sie hierbei ganz besonders sorgfältig. (Siehe Kapitel Fleischzuschnitt Seite 36)

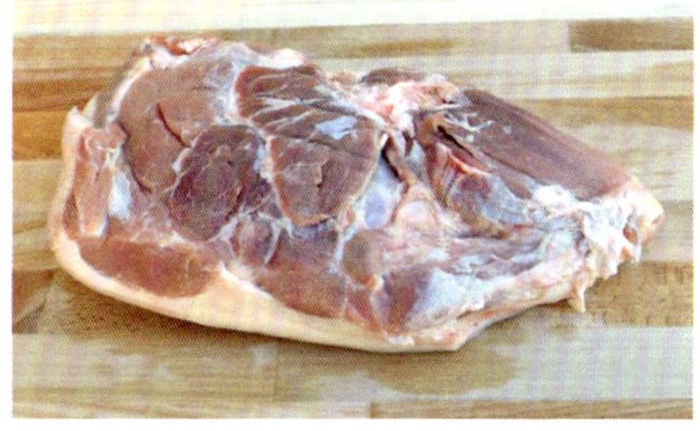

Ein rohes Stück Fleisch.

So sollte es fertig aussehen.

Schneiden Sie im Zweifelsfall lieber ein bisschen zu viel Fleisch oder Fett weg als zu wenig. Die Abschnitte sind kein Abfall, sie können später entweder zu Bratwurst oder Fleischbrühe weiterverarbeitet werden.

Kleinere Schinken haben mehrere Vorteile:

- Sie sind schneller durchgesalzen und die Gefahr des Verderbs ist wesentlich geringer.
- Kleinere Schinken sind, wenn man sie angeschnitten hat, schneller verzehrt und trocknen dadurch bis zum kompletten Verzehr nicht so stark aus.
- Falls doch mal bei einem Schinken etwas schief gehen sollte, ist der Verlust kleiner.
- Die Muskelfasern im Fleisch verlaufen teilweise in unterschiedliche Richtungen. Beim Zuschnitt ist es bei kleineren Schinken leichter, den Zuschnitt so zu machen, dass man einen gleichmäßigen Faserverlauf hat. Beim Anschnitt kann man dann sauber quer zur Faser schneiden. Die Schinken werden dadurch viel zarter.
- Sie können mit der Aufschnittmaschine bedeutend besser aufgeschnitten werden als Große.

Ca. 1-2 kg je Schinken haben sich in der Praxis bestens bewährt.

Wenn der Schinken fertig zugeschnitten ist, wiegen Sie ihn ab und notieren Sie das Gewicht. Geben Sie nun jedem Schinken eine Nummer und kennzeichnen Sie ihn, indem Sie die Nummer auf einem Zettel mit an den Haken hängen.

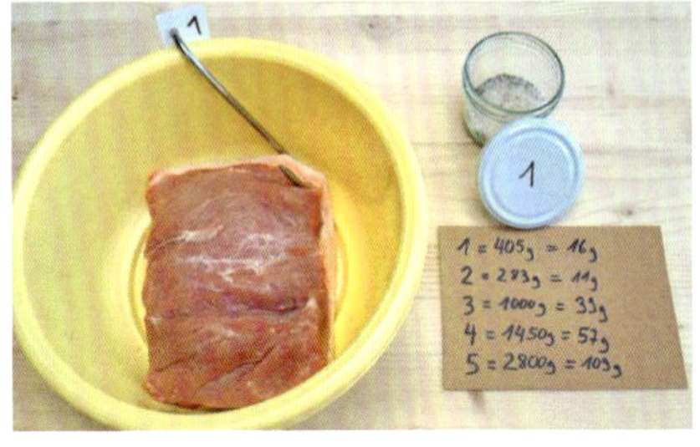

So ist, wenn man mehrere Schinken macht, gewährleistet, dass man immer die richtige Würzmischung für den richtigen Schinken hat.

Ziehen Sie bei allen Schinken, wenn vorhanden, einen Fleischhaken durch das Fleisch und auch die Schwarte. Falls der Schinken keine Schwarte hat, dann ziehen Sie den Haken einfach durch das Fleisch.

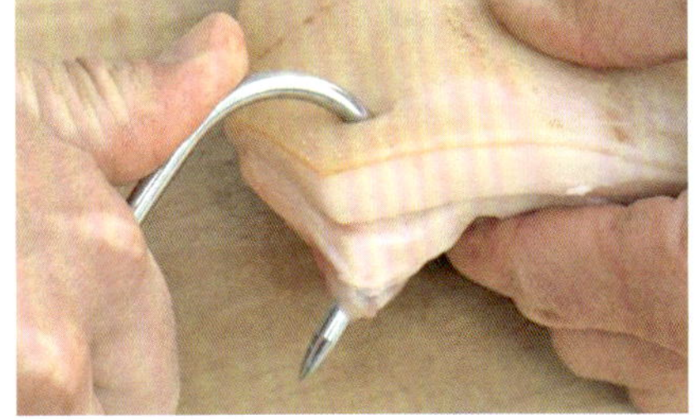

Wenn Sie keine Fleischhaken haben, können Sie auch eine dicke Schnur durch das Fleisch und die Schwarte binden.

Schwarte ist sehr fest und wenn man einen Haken durchstechen will, braucht man dafür verhältnismäßig viel Kraft. Damit dies leichter geht und die Verletzungsgefahr verringert wird, stechen Sie mit einem Ausbeinmesser ein kleines Loch in der Schwarte vor. So können Sie den Haken oder die Schnur dann ganz leicht durchziehen. Die Schnur lässt sich mit einem Schaschlikspieß ganz einfach durch das vorgestochene Loch durchführen.

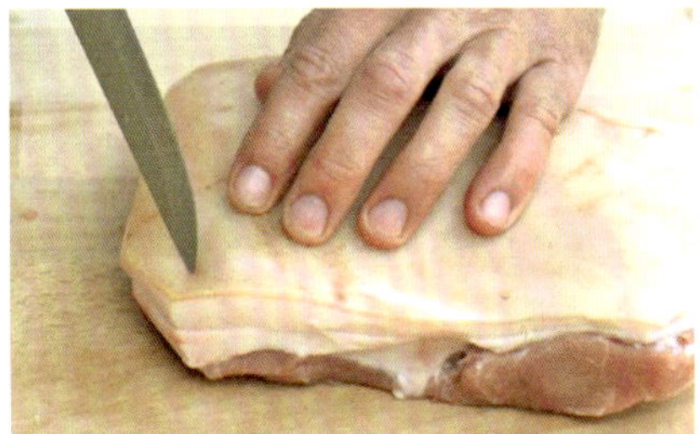

Bereiten Sie nun für jeden einzelnen Schinken die entsprechende Gewürzmischung vor. Nehmen Sie für jeden Schinken ein separates Schraubglas. Beschriften Sie dieses mit der zum Schinken gehörenden Nummer.
So können dann beim Einsalzen keine Verwechslungen passieren.

Geben Sie immer nur ein Stück Fleisch in eine Schüssel und geben Sie dann die dazugehörige Salz-Gewürzmischung mit dazu.

Reiben Sie das Fleisch mit der Salz-Gewürzmischung sorgfältig ein, verteilen Sie alles so gleichmäßig wie möglich.

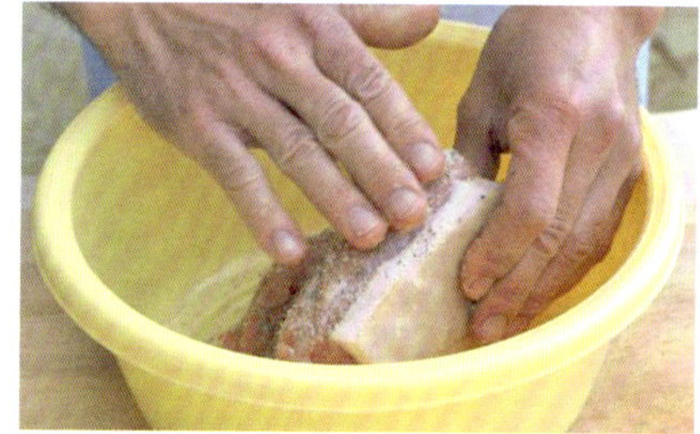

Wenn Sie das gemacht haben, klopfen Sie ganz sanft die restliche Salz-Gewürzmischung vom Fleisch ab. Geben Sie dann im Anschluss die übrig gebliebene Salz-Gewürzmischung wieder in das zum Schinken dazugehörige Glas zurück.

Versuchen Sie, dass so viel Salz wie möglich am Schinken bleibt. Klopfen Sie ihn nur ganz sanft ab, so dass nur das Salz herunter fällt, welches beim Aufhängen ohnehin vom Schinken fallen würde.

Das Fleisch dann in einem möglichst kühlen, dunklen, vor Fliegen und anderen Insekten geschützten Raum an einem Fleischhaken aufhängen und bis zum nächsten Tag hängen lassen. **Vermeiden Sie Zugluft,** denn sonst trocknet das Fleisch am Rand zu schnell aus.
Stellen Sie Gefäße unter das aufgehängte Fleisch, denn das Salz entzieht dem Fleisch Wasser und das Fleisch beginnt nach kurzer Zeit zu tropfen.

Kleiner Tipp am Rande:
Legen Sie in die Gefäße unter dem Schinken zerknülltes Küchenpapier, dann spritzt der Fleischsaft nicht so sehr umher und der Raum, in dem die Schinken aufgehängt sind, bleibt sauber.

Am darauffolgenden Tag nehmen Sie die Fleischstücke vom Haken und reiben sie erneut sorgfältig mit der übriggebliebenen Salz-Gewürzmischung ein.
Wenn immer noch Salz-Gewürzmischung übrig bleibt, wiederholen Sie das Ganze am nächsten Tag noch einmal. Bei einem Schinken von 1-2 kg sollte spätestens nach 3 mal Einreiben alles Salz am Schinken sein. Versuchen Sie deshalb das Salz regelrecht an den Schinken zu „pappen“ und klopfen Sie nur das Salz ab, das beim Aufhängen ohnehin von selber vom Schinken fallen würde.
Wenn alles Salz und die Gewürze vom Fleisch aufgenommen wurden, lassen Sie das Fleisch durchsalzen. Dies sollte bei 2-7°C und 65-70% Luftfeuchte, an einem vor Insekten und Zugluft geschützten und möglichst dunklen Ort geschehen. Die Pökelzeiten entnehmen Sie der Tabelle „Pökelzeiten“ ganz am Ende der Anleitung.

Wenn der Schinken durchgesalzen ist, wird er kurz unter fließendem kalten Wasser abgewaschen. Die Gewürze können, wenn erwünscht, auch darauf gelassen werden, sie neigen jedoch leicht zu Schimmel. Danach je 5 Tage Pökelzeit für 1 Tag durchbrennen lassen. Danach kann der Schinken geräuchert oder direkt verzehrt werden.

Da die Salzmenge exakt auf das Fleischgewicht abgestimmt ist, brauchen trocken gepökelte Schinken nicht gewässert werden!

Das Wichtigste in Kürze:

- Sehnen, Silberhäute, lose Fleischteile, überschüssiges Fett und blutige Stellen sorgfältig wegschneiden.
- Fleisch abwiegen, mit Haken oder Schnur und Nummerierung versehen.
- Salz-Gewürzmischung zubereiten und in separate nummerierte Gläser füllen.
- Fleischstücke einzeln mit Salz-Gewürzmischung einreiben, so viel Salz wie möglich ans Fleisch „pappen", übriges Salz zurück in das Schraubglas und in den folgenden Tagen einreiben.
- Schinken kühl, dunkel, vor Fliegen und Zugluft geschützt aufhängen und Gefäße unterstellen.
- Das Salz sollte möglichst innerhalb von 3 Tagen komplett in das Fleisch eingerieben sein.
- Dann durchpökeln lassen (siehe Tabelle).
- Die Schinken kurz unter fließendem kaltem Wasser abwaschen.
- Je 5 Tage Pökeldauer für 1 Tag durchbrennen lassen.
- Danach kann man die Schinken bereits verzehren oder dann mit dem Räuchern beginnen.
- **Bei den von mir angegebenen Rezepten ist ein Wässern beim Trockenpökeln nicht erforderlich!**

Pökelzeiten beim Trockenpökeln

Fleischdicke in Zentimeter	Pökeldauer für Fleisch mit ausgewogenem Fettgehalt	Pökeldauer für Fleisch mit hohem Fettgehalt
3	60 Stunden~2,5 Tage	90 Stunden~4 Tage
4	80 Stunden~3,5 Tage	120 Stunden~5 Tage
5	100 Stunden~4,5 Tage	150 Stunden~6 Tage
6	120 Stunden~5,0 Tage	180 Stunden~8 Tage
7	140 Stunden~6,0 Tage	210 Stunden~9 Tage
8	160 Stunden~6,5 Tage	240 Stunden~10 Tage
9	180 Stunden~7,5 Tage	270 Stunden~11 Tage
10	200 Stunden~8,5 Tage	300 Stunden~13 Tage
11	220 Stunden~9,0 Tage	330 Stunden~14 Tage
12	240 Stunden~10 Tage	360 Stunden~15 Tage
13	260 Stunden~11 Tage	390 Stunden~16 Tage
14	280 Stunden~12 Tage	420 Stunden~18 Tage
15	300 Stunden~13 Tage	450 Stunden~19 Tage

Nasspökeln

Das Nasspökeln ist mit dem geringsten Arbeitsaufwand verbunden, weshalb diese Methode auch sehr stark verbreitet ist. Allerdings hat diese Methode leider ein paar Nachteile.
Wenn das Verhältnis von Lake zu Fleisch nicht genau stimmt, dann kann der Schinken entweder versalzen werden, oder der Salzgehalt zu niedrig sein. Dies kann eine verschlechterte Haltbarkeit zur Folge haben. Außerdem wird der Geschmack des Fleisches, durch die relativ große Wassermenge, die im Spiel ist, etwas verwässert. Dies ist so, weil das Wasser Geschmack vom Fleisch wegnimmt (wie bei Fleischbrühe). Fleisch, welches nass gepökelt wurde, ist auch nicht so lange haltbar, wie trocken gepökeltes Fleisch.

Anleitung zum Nasspökeln

Die Fleischteile sauber zuschneiden, siehe Kapitel Fleischzuschnitt Seite 36. Das Fleisch in eine Schüssel legen und abwiegen. Dann wird die Lake zubereitet. Man sollte beim Nasspökeln nicht zuviel Wasser zum Einsatz bringen, um den Verwässerungs-Effekt etwas abzuschwächen.

Man sollte sich an folgende Mengenverhältnisse halten:
Je 1 kg Fleischgewicht verwendet man 660 ml Lake.

Auf dieses Verhältnis sind die von mir angegebenen Salzmengen in diesem Ratgeber abgestimmt. Bei einem anderen Verhältnis von Fleisch zu Lake, würde die Salzkonzentration im fertigen Produkt vom Sollwert abweichen.

Wenn die Lake vollständig abgekühlt ist, werden die Fleischteile damit übergossen. Fettes Fleisch neigt gerne dazu, an der Oberfläche zu schwimmen. Wenn dies der Fall ist, wäre es ratsam, das Fleisch mit einem salzwasserbeständigen Gitter vollständig unter die Oberfläche zu drücken. So kann das Fleisch nicht austrocknen, oxidieren und die Fleischteile salzen gleichmäßig und schneller durch.

Bei kleinen Schinken genügt es in der Regel vollkommen, wenn man einen oder zwei schwere Löffel auf das Fleisch legt, damit das Fleisch vollkommen unter der Lake bleibt.

Den Bottich nun mit einem sauberen Tuch sorgfältig abdecken und möglichst kühl lagern. Die Lake muß nun regelmäßig kontrolliert werden, denn eine solche Pökellake kann „kippen“. Das macht sich durch einen komischen, unangenehmen Geruch und einen schlechten Geschmack bemerkbar.
Wenn dies der Fall sein sollte, das Fleisch unverzüglich aus der Lake nehmen, abwaschen und eine neue Lake ansetzen und darin weiter pökeln.

Kleiner Tipp am Rande:

Während die Schinken durchpökeln, kann man immer wieder die Lakestärke messen (unbedingt sauber arbeiten) und notieren. Falls die Lake kippen sollte, kann man dann eine neue Lake herstellen, die mit der Rest-Lakestärke der alten Lake ziemlich genau übereinstimmt. So wird nichts versalzen.

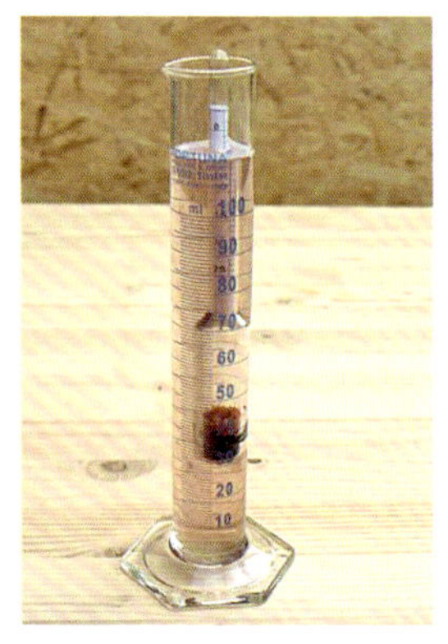

Die Pökeldauer liegt ungefähr bei etwa 55 Stunden je Zentimeter Fleischdicke. Dies stellt jedoch nur einen ganz groben Richtwert dar, weil jedes Stück Fleisch etwas anders ist und auch die Größe eine Rolle spielt. Fleisch mit Schwarte oder viel Fett daran braucht zum Pökeln generell viel länger als mageres Fleisch (siehe Kapitel Pökelzeiten).
Der Fortschritt des Pökelprozesses kann zusätzlich mit dem Lakemesser kontrolliert werden. Der Salzgehalt der Lake sinkt kontinuierlich ab, weil das Salz vom Wasser weg in das Fleisch wandert. Bei dem von mir angegebenen Verhältnis von Lake zu Fleisch kann

man ganz grob sagen, wenn die Lakestärke nur noch in etwa 55-60 % Stärke wie zu Pökelbeginn hat, dann ist der Pökelprozess abgeschlossen. Aber dann im Zweifelsfall lieber noch etwas länger in der Lake liegen lassen, sicher ist sicher.
Danach wird die Lake abgeschüttet, die Schinken werden abgewaschen und anschließend zum Trocknen und Durchbrennen aufgehängt. Nach einem Tag können Sie ein kleines Stück vom Schinken abschneiden und verkosten. Falls er versalzen sein sollte, könnten Sie ihn nun noch wässern und danach vollends, bei möglichst kühlen Temperaturen durchbrennen lassen.

Achten Sie unbedingt auf den Schutz vor Insekten und auf niedrige Temperaturen. Auch Zugluft muss vermieden werden.
Unter Durchbrennen versteht man, dass sich der Salzgehalt im Schinken gleichmäßig verteilt. Direkt nach dem Pökeln ist er im äußeren Bereich noch wesentlich höher als im Inneren. Auch der Wassergehalt verringert sich dabei und somit verändert sich auch der Salzgehalt im Fleisch (das Fleisch wird etwas salziger).

Als Richtwert für die Durchbrenndauer nimmt man folgendes Verhältnis: Je 5 Tage Pökelzeit 1 Tag durchbrennen lassen.

Das Wichtigste in Kürze:

- Fleisch zuschneiden, abwiegen und in den Bottich geben.
- Je kg Fleischgewicht 660 ml Lake herstellen.
- Wasser aufkochen, Salz und Gewürze dazu.
- Die Lake vollständig abkühlen lassen und dann über das Fleisch gießen.
- Fleisch das oben schwimmt gegebenenfalls mit einem salzwasserbeständigen Gitter komplett unter die Oberfläche drücken.
- Lake regelmäßig auf Geschmack und Geruch kontrollieren.
- Je Zentimeter Fleischdicke etwa 55 Stunden pökeln.
- Die Schinken mit kaltem Wasser abwaschen.
- Je 5 Tage Pökelzeit den Schinken im Anschluss für 1 Tag, bei möglichst kühlen Temperaturen durchbrennen lassen.
- **Niemals rohe Zwiebeln in die fertige Lake geben!**

Pökelzeiten beim Nasspökeln

Fleischdicke in Zentimeter	Ungefähre Pökeldauer für Fleisch mit ausgewogenem Fettgehalt, Lakestärke ~10° Bé, Temperatur ~7°C
3	165 Stunden ~7 Tage
4	220 Stunden ~9 Tage
5	275 Stunden ~12 Tage
6	330 Stunden ~14 Tage
7	385 Stunden ~16 Tage
8	440 Stunden ~18 Tage
9	495 Stunden ~20 Tage
10	550 Stunden ~23 Tage
11	605 Stunden ~25 Tage
12	660 Stunden ~27 Tage
13	715 Stunden ~30 Tage
14	770 Stunden ~32 Tage
15	825 Stunden ~34 Tage

Pökeln im Vakuumbeutel / Pökeln in Eigenlake

Das Pökeln im Vakuumbeutel entspricht im Prinzip dem Pökeln in Eigenlake. Früher wurde dieses Verfahren oft angewendet, weil man dem Fleisch möglichst wenig Geschmack und Flüssigkeit entziehen wollte. Dazu wurden die Schinken mit Salz eingerieben, in Gefäße gelegt, immer wieder umgestapelt und immer wieder mit dem aus dem Fleisch ausgetretenen Fleischsaft übergossen. Heutzutage wird von vielen gerne eine Abwandlung von dieser Methode praktiziert: Das Pökeln in einem Vakuumbeutel. Diese Methode hat einige Vorteile, aber auch gravierende Nachteile.

Zunächst zu den Vorteilen:
Die Schinken brauchen bei dieser Methode nicht ganz so sauber zugeschnitten werden wie beim Trockenpökeln. Das kommt daher, weil während dem Pökelprozess alles hermetisch abgeschlossen ist. Schimmel benötigt zum Leben Sauerstoff. Im Vakuum fehlt dieser und deshalb kann kein Schimmel entstehen. Man kann die Schinken zum Pökeln bequem in den Kühlschrank stapeln und braucht nichts weiter zu tun, als die Pökelzeit abzuwarten. Das Fleisch verliert nur minimal Wasser und die Schinken bleiben deshalb saftiger. Es gibt dabei keinerlei Oxidation und die Farbe bleibt etwas besser erhalten.

Aber es gibt bei dieser Methode auch Nachteile:
Man muss bei dieser Methode mit Nitritpökelsalz arbeiten. Wie bereits oben erwähnt, findet hierbei der Pökelprozess unter Ausschluss von Sauerstoff statt. Schimmel kann so nicht gedeihen. Aber leider gibt es auch Bakterien, die genau diese Bedingungen zum Leben brauchen: Die Anaeroben. Diese werden im Normalfall durch den Sauerstoff abgetötet oder zumindest stark gehemmt.

Eines dieser anaeroben Bakterien ist Clostridium Botulinum. Seine Sporen sind in der Umwelt weit verbreitet. Unter anaeroben Bedingungen keimen sie aus und setzen das Gift Botulinumtoxin frei, eines der gefährlichsten Gifte. Clostridium Botulinum wächst nur anaerob, das heißt, unter Luftabschluss, wenn kein Sauerstoff vorhanden ist. Genau das ist beim Pökeln in einem Vakuumbeutel aber der Fall. Es besteht also ein gesundheitliches Risiko. Deshalb muss Nitritpökelsalz eingesetzt werden, da dieses eine stärkere bakterienhemmende Wirkung hat als normales Salz.

Wenn ein Schinken trocken gepökelt wird, dann verliert er 20-30% seines Gewichts an Feuchtigkeit und den schädlichen Bakterien und Schimmel wird schlicht und ergreifend die Lebensgrundlage entzogen, der Schinken wird haltbar. Wenn man aber den Saft einsperrt und die Flüssigkeit nicht weg kann, dann wird der Verderb extrem gefördert. Fleischsaft ist für Bakterien jeglicher Art regelrechtes Kraftfutter. Wehe wenn dann noch ein ganz kleines bisschen zu wenig Salz im Spiel ist.

Was haben die vermeintlich besten Schinken der Welt, wie zum Beispiel Parma-Schinken und Serrano-Schinken gemeinsam? Sie werden trocken gesalzen und reifen an der Luft. In der Luft sind Bakterien, die mit dazu beitragen, dass der fertige Schinken sein regional-typisches Aroma erhält.

Wenn ein Schinken beim Pökeln Wasser verliert, dann verdichtet sich der Geschmack im Fleisch regelrecht. Es ist wie bei einer Soße. Die muss reduzieren, damit sie intensiver schmeckt. Beim Vakuumpökeln ist der Flüssigkeitsverlust wesentlich geringer und Fleischsaft ist zum größten Teil nur Wasser. Wer das nicht glaubt, kann einfach ein Löffelchen ungesalzenen und ungewürzten Fleischsaft verkosten. Also ein Geschmackswunder ist Fleischsaft definitiv nicht.

Anleitung zum Pökeln im Vakuumbeutel

- Das Fleisch wird wie im Kapitel Fleischzuschnitt Seite 36 zugeschnitten und hergerichtet.
- Anschließend wird das Fleisch abgewogen und dann die entsprechende Gewürz-Mischung zubereitet. Man kann für das Pökeln im Vakuumbeutel die Rezepte für das Trockenpökeln 1:1 übernehmen.

- Dann werden die Schinken mit der kompletten Salz-Gewürzmischung eingerieben. Anschließend kommen sie alle einzeln in Vakuumbeutel und werden vakuumiert (für ein echtes Vakuum braucht man ein Profigerät).
- In den Kühlschrank legen und dann durchpökeln lassen.
- Nach dem Pökeln unter fließendem, kaltem Wasser abwaschen und anschließend zum Trocknen und durchbrennen lassen aufhängen.
- Je 5 Tage Pökelzeit für 1 Tag durchbrennen lassen.
- Danach können die Schinken geräuchert werden.
- Beachten Sie beim Lagern, dass Schinken der im Vakuumbeutel gepökelt wurde, wegen der geringeren Trocknung, eine verschlechterte Haltbarkeit hat.

Pökelzeiten beim Pökeln im Vakuumbeutel

Fleischdicke in Zentimeter	Pökeldauer für Fleisch mit ausgewogenem Fettgehalt	Pökeldauer für Fleisch mit hohem Fettgehalt
3	60 Stunden ~2,5 Tage	90 Stunden ~4 Tage
4	80 Stunden ~3,5 Tage	120 Stunden ~5 Tage
5	100 Stunden ~4,5 Tage	150 Stunden ~6 Tage
6	120 Stunden ~5,0 Tage	180 Stunden ~8 Tage
7	140 Stunden ~6,0 Tage	210 Stunden ~9 Tage
8	160 Stunden ~6,5 Tage	240 Stunden ~10 Tage
9	180 Stunden ~7,5 Tage	270 Stunden ~11 Tage
10	200 Stunden ~8,5 Tage	300 Stunden ~13 Tage
11	220 Stunden ~9,0 Tage	330 Stunden ~14 Tage
12	240 Stunden ~10 Tage	360 Stunden ~15 Tage
13	260 Stunden ~11 Tage	390 Stunden ~16 Tage
14	280 Stunden ~12 Tage	420 Stunden ~18 Tage
15	300 Stunden ~13 Tage	450 Stunden ~19 Tage

Spritzpökeln / Schnellpökeln

Das Spritzpökeln wird vorwiegend für Koch-Pökelwaren wie zum Beispiel Kochschinken oder Kassler eingesetzt. Für die Herstellung von Rohschinken ist sie wegen des zusätzlichen Wassers und dem fehlenden Trocknungsprozess nicht geeignet.

Beim Spritzpökeln wird mit einer Nadel, die seitliche Öffnungen hat, Lake in das Fleisch gespritzt und das Fleisch anschließend in Lake gelegt.

Dadurch verringert sich die Pökelzeit drastisch, denn das Fleisch nimmt das Salz nun von innen und außen auf. Nach 2-3 Tagen ist ein Stück Fleisch dann komplett durchgesalzen. Die Lake, die zum Einspritzen verwendet wird, sollte vorher gesiebt werden.

Und so funktioniert die Spritzpökelung:
Zunächst wird das Fleisch sauber zugeschnitten, siehe Kapitel Fleischzuschnitt Seite 36. Wiegen Sie danach das Fleisch ab und bereiten Sie dann die erforderliche Lakemenge, von 660 ml je kg Fleischgewicht zu. Beim Spritzpökelverfahren werden zwischen 10-20% vom Fleischgewicht an Lake in das Fleisch eingespritzt. Ich empfehle eine Menge von 15%.

Um Ihnen die Rechnerei zu ersparen, habe ich am Ende der Anleitung eine Tabelle, aus der Sie die erforderlichen Lakemengen bequem ablesen können, aber ich führe dennoch ein Rechenbeispiel auf.

Rechenbeispiel
Wenn 1,7 kg Fleisch gepökelt werden sollen, dann braucht man insgesamt eine Lakemenge von 1122 ml (je kg Fleisch 660 ml → 1,7* 660ml =1122 ml).

Um zu berechnen, wie viel von dieser Lake zum Einspritzen verwendet wird, teilt man das Fleischgewicht in Gramm durch 100 mal die gewünschte Prozentmenge. In diesem Fall 15. Der Wert, der dabei herauskommt, ist die Menge in ml.
1700 Gramm / 100 = 17*15 =255ml.
Von den 1122 ml Lake werden nun 255 ml abgemessen und kommen am besten in ein separates Gefäß, aus dem es mit der Lakespritze entnommen werden kann.

Tipp am Rande
Die zum Einspritzen erforderliche Lakemenge kommt am besten immer in ein separates Gefäß. Die Vorgehensweise mit dem separaten Gefäß hat den Vorteil, dass man mit der Menge nicht verkommen kann. Denn es ist allzu leicht passiert, wenn man mitzählt, wie oft man die Spritze gefüllt hat, dass man sich vertut. Wenn das separate Gefäß leer ist, dann ist man fertig und es gibt kein Verzählen.

Es gibt zwei Arten von Lakespritzen, die Professionellen, welche aber recht teuer sind und deren Anschaffung für jemanden, der nur gelegentlich mal einen Kochschinken macht, einfach nicht lohnt. Es gibt auch einfache Marinadespritzen, welche bereits für 10-20 Euro erhältlich sind. Ich gehe davon aus, dass die wenigsten über eine Profi-Lakespritze verfügen und erkläre hier deshalb, wie man mit einer einfachen Marinadespritze vorgeht.

Man kann die Lake längs oder quer zur Faser in das Fleisch spritzen. Beide Methoden sind gleich gut und man wählt je nach Fleischformat und Nadellänge ob man längs oder quer zur Faser einsticht.

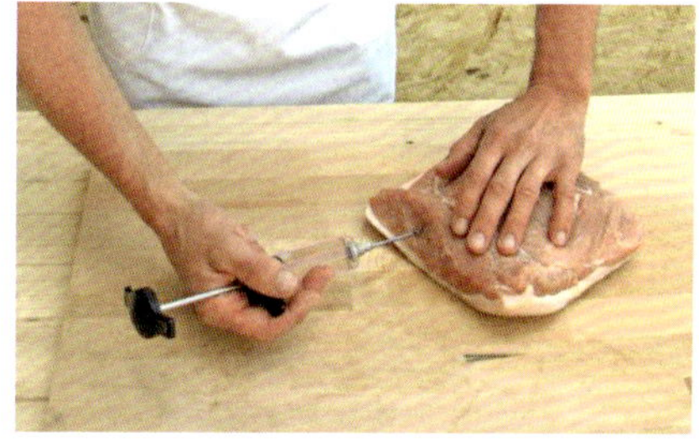

Falls die Nadel zu kurz ist, um mit ihr von einer Seite aus komplett in den Schinken zu kommen, spritzt man einfach von beiden Seiten Lake ein.

Man taucht die Nadel der Spritze in die Lake ein und zieht sie auf. Dabei unbedingt darauf achten, dass möglichst wenig Luft mit in die Spritze kommt. Man darf keinesfalls Luft mit in das Fleisch spritzen, denn sonst führt dies zu Oxidation und der fertige Schinken hätte später graue Stellen im Inneren.

Falls es nicht möglich ist, die Spritze komplett luftfrei zu füllen, wird die Luft einfach herausgedrückt. Das macht man, indem man die Spritze mit der Nadel nach oben hält und nun solange drückt, bis ein bisschen Lake austritt. Man sticht etwa alle 4-5 cm die Nadel komplett in das Fleisch und spritzt dann die Lake ein.

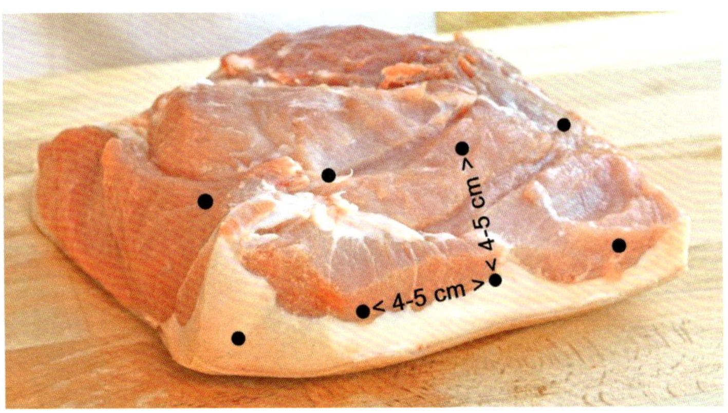

Während man die Lake einspritzt, zieht man die Nadel gleichmäßig zurück. So ist eine optimale Verteilung im Fleisch gewährleistet. Dabei feinfühlig vorgehen und vermeiden, dass die Lake allzu stark ins Fleisch gepresst wird, denn sonst zerreißen die Fleischfasern oder die Lake spritzt heraus.

Überprüfen Sie, bevor Sie beginnen, wie viel Lake in die Spritze passt. Man muss, bevor man mit dem Spritzvorgang beginnt, ungefähr wissen, wie oft eingestochen werden muss. Dann kann die entsprechende Menge der Lake eingeteilt werden. Nicht dass man pro Loch viel zu viel oder viel zu wenig einspritzt. Wenn man am Schluss noch ein bisschen Lake übrig hat, macht das nichts. Ebenso wenig, wie wenn man noch ein kleines bisschen mehr einspritzen muss.

Schließlich liegt man mit den angestrebten 15 % in der goldenen Mitte zwischen der Mindest- und der Maximalmenge und man hat dadurch einen gewissen Spielraum. Um eine optimale Verteilung der Lake zu gewährleisten, kann man das Fleischstück nach Abschluss des Spritzvorganges noch ganz leicht massieren. Auf diese Weise verteilt sich die Lake noch besser im Fleisch.
Wenn die Lake in das Fleisch eingespritzt ist, kommt das Fleisch in ein Gefäß und wird mit der restlichen Lake übergossen. Achten Sie darauf, dass das Fleisch komplett bedeckt ist. Vermeiden Sie es, das Fleisch stark zu quetschen oder zu beschweren, denn sonst kann ein Teil der Lake wieder herausgedrückt werden. Dann wird alles kühl gestellt. Nach 2-3 Tagen ist der Pökelvorgang abgeschlossen.

Lake und Einspritzmenge

Fleischgewicht in kg	Menge der Lake in ml insgesamt	Menge der Lake zum Einspritzen bei 15% vom Fleischgewicht
1	660	150
1,1	726	165
1,2	792	180
1,3	858	195
1,4	924	210
1,5	990	225
1,6	1056	240
1,7	1122	255
1,8	1188	270
1,9	1254	285
2	1320	300
2,1	1386	315
2,2	1452	330
2,3	1518	345
2,4	1584	360
2,5	1650	375

Herstellung von Kochschinken

Wenn man beim Pökeln kein Nitritpökelsalz verwendet, wird der Kochschinken später, durch den Kochvorgang leicht grau. So wie man es vom Kesselfleisch her kennt. Dies stellt keine wirkliche Qualitätsminderung dar. Mit purem Natursalz hergestellter Kochschinken kann später bedenkenlos gebraten oder stark erhitzt werden, ohne dass man sich um Nitrosamine Gedanken machen muss. Wer jedoch großen Wert auf die rote Farbe legt, kann auch eine Mischung aus Nitritpökelsalz und Natursalz verwenden und den Anteil an Nitritpökelsalz zumindest reduzieren, siehe Kapitel: „Nasspökeln mit reduziertem Nitritpökelsalzgehalt“.

Anleitung zur Kochschinkenherstellung

Das Fleisch wird wie im Kapitel „Fleischzuschnitt“ (siehe Seite 36) beschrieben zugeschnitten und dann anschließend gepökelt. Wenn man Kochschinken herstellen will, ist dafür das Spritzpökelverfahren das Empfehlenswerteste. Wenn man keine Lakespritze hat, ist es aber auch möglich, aus einem nass gepökelten Stück Fleisch einen Kochschinken herzustellen.

Wenn das Fleisch fertig gepökelt ist, kommt es aus der Lake in die Kochschinkenform, falls nicht schon in der Kochschinkenform gepökelt wurde, was sich oftmals anbietet. Die Lake darf nicht weggeschüttet werden, denn der Schinken wird darin gekocht.

Kleiner Tipp am Rande

Der Kochschinken wird ganz besonders raffiniert, wenn man ihn vor dem Kochen für 30-60 Minuten Heißräuchert. Besonders raffiniert wird das Aroma, wenn man zum Heißräuchern Zwetschgenholz verwendet.

Man muss sich Gedanken darüber machen, wie der Schinken später angeschnitten werden soll und das Fleisch mit der Faserrichtung entsprechend in der Form ausrichten. Die rote Linie markiert den Verlauf der Fleischfasern. Die grüne Linie zeigt, wie der Schinken später angeschnitten werden soll. Fleisch immer quer zur Faser schneiden, sonst wird es unglaublich zäh!

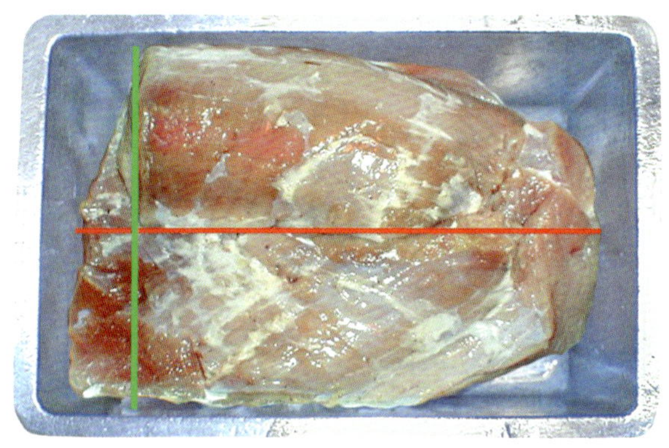

Dann wird der Deckel der Form eingesetzt und mit leichtem Druck verschlossen. Pressen Sie nicht zu stark, denn sonst wird unnötig viel Saft aus dem Fleisch gedrückt und der Schinken ist später weniger saftig. Das Fleisch dehnt sich beim Kochen aus und erzeugt dadurch zusätzlichen Druck.

Jetzt wird die Form mit der Lake, die zum Pökeln verwendet wurde aufgefüllt, und zwar so weit, dass sie etwa 1 cm über dem Deckel steht (siehe nächstes Bild, Lake rötlich dargestellt).
Falls die Lake, in der gepökelt wurde, nicht reichen sollte, oder versehentlich weggeschüttet wurde, setzt man einfach eine Lake mit 85 Gramm Salz je Liter (ca. 8° Bé) an. Wenn zum Pökeln Nitritpökelsalz verwendet wurde, dann wird auch diese Lake wieder

mit Nitritpökelsalz gemacht. Wurde mit Natursalz gearbeitet, verwendet man auch hier Natursalz, denn sonst entstehen durch den Kochvorgang Farbunterschiede.

Anschließend wird dann das Fleischthermometer zur Messung der Kerntemperatur in das Fleisch gesteckt. Die Spitze, an der die Temperatur gemessen wird, muss dazu so exakt wie möglich, genau in der Mitte des Schinkens stecken. Besonders die älteren Kochschinkenformen haben meist noch kein Loch zur Messung der Kerntemperatur. Wenn dies der Fall ist, bohren Sie einfach ein Loch in den Deckel, das ca. 1-2 mm größer ist als der Durchmesser vom Stab des Fleischthermometers.

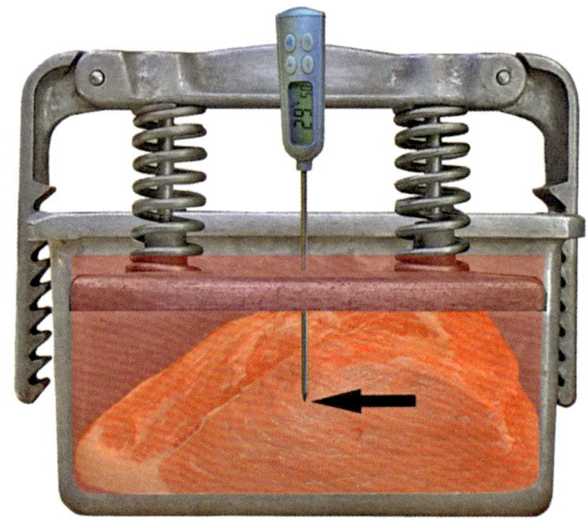

Nun wird die Form in einen Topf gestellt und der Topf mit Wasser gefüllt. Der Topf wird solange mit Wasser aufgefüllt, bis es in etwa 1 cm unter dem Rand der Schinkenform steht. Keinesfalls darf das Wasser in die Form laufen!

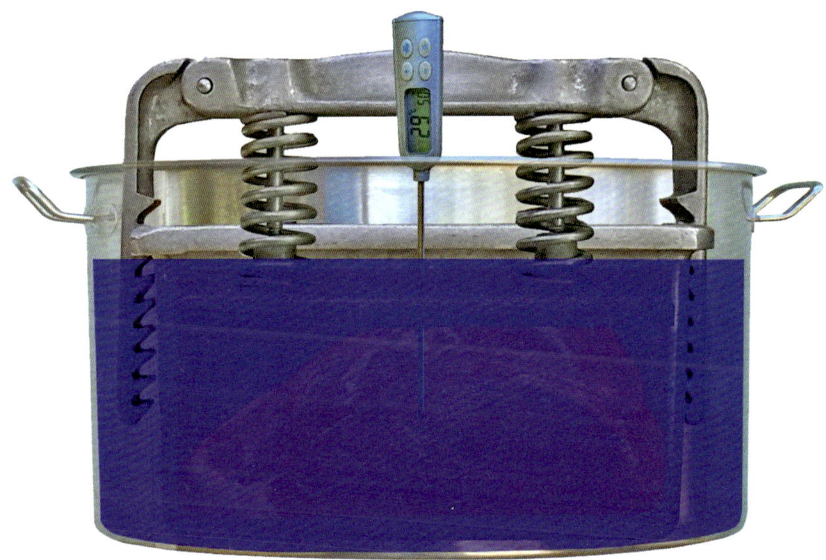

Jetzt wird das Wasser bis auf eine Temperatur von ca. 75-85 °C erhitzt. Die Wassertemperatur wird mit einem zweiten Thermometer überprüft, das Fleischthermometer bleibt bis zum Ende des Kochvorganges im Fleisch. Der Schinken wird nun so lange gekocht, bis er eine Kerntemperatur von 68-71 °C erreicht hat.

Falls während des Kochvorganges zu viel Kochwasser verdunstet und die Form nicht mehr annähernd komplett im Wasser steht, muss Wasser nachgefüllt werden. Denn sonst wird der obere Bereich vom Schinken nicht warm genug. Dasselbe gilt auch für die Pökellake, die in der Form ca. 1 cm hoch über dem Deckel stehen sollte.

Wenn davon zu viel verdunstet ist, wird mit **reinem** Wasser aufgefüllt (nur das Wasser verdunstet, das Salz nicht), **nicht mit Lake,** denn sonst wird der Salzgehalt im Randbereich des Kochschinkens zu hoch.

Wenn die Kerntemperatur erreicht ist, nimmt man die Form aus dem Wasser und kühlt sie so schnell wie möglich ab. Dazu wird sie eine Zeit lang in kaltes Wasser und dann anschließend in den Kühlschrank gestellt. Im Winter bietet es sich an, das Ganze ins Freie zu stellen.
Je schneller der Kochschinken abkühlt, desto länger ist er dann anschließend haltbar.

Nun lässt man den Kochschinken noch bis zum nächsten Tag durchziehen, damit der Salzgehalt überall im Fleisch gleich ist. Dann kann der Kochschinken verzehrt oder eingefroren werden.

Kochschinken ist nicht lange haltbar und sollte deshalb rasch verzehrt und stets kühl gelagert werden.

Kleiner Tipp am Rande:
Je nachdem, wie lange der Schinken gepökelt wurde, kann der Salzgehalt am Rand mehr oder weniger stark ausfallen. Deshalb nach dem Kochen ein Stück vom Rand abschneiden und probieren. Ist der Salzgehalt perfekt, dann wird die Lake abgeschüttet. Ist er zu salzig, dann wird die Lake sehr stark verdünnt oder durch reines Wasser ersetzt, damit Salz aus dem Schinken gezogen wird. Fehlt noch etwas Salz, lässt man den Schinken noch für einen Tag in der Lake liegen.

Alternativen zur Kochschinkenform

Nicht jeder hat eine Koch-Schinkenform und will auch nicht unbedingt eine kaufen. In diesem Fall kann man sich folgendermaßen behelfen: Man gibt den Schinken einfach mit Lake in einen Gefrierbeutel. Anschließend wird das Thermometer in den Schinken gesteckt und der Beutel verschlossen.

Es gibt nun zwei Möglichkeiten:
Wenn man beim fertigen Kochschinken eine runde Form haben möchte, gibt man den Beutel in einen Maßkrug, passenden Topf oder ein Weckglas. Dieses Gefäß wird dann mit reinem Wasser aufgefüllt, dieses dient dazu, dass die Wärme vom Kochwasser besser an den Kochschinken gelangt.
Man muss aber unbedingt beachten, dass die Öffnung vom Glas den gleichen Durchmesser hat wie der Rest vom Glas, denn wenn diese enger wird, bekommt man den fertigen Schinken nicht mehr heil heraus.

Wem die Form vom Kochschinken egal ist, der kann den Beutel einfach in das Kochwasser geben. Dabei darauf achten, dass kein Kochwasser in den Beutel gelangt.

Die Vorgehensweise ist im Anschluss exakt identisch, wie bei der Verwendung einer Metallform.

Was Sie beim Abkühlen vom fertigen Kochschinken unbedingt beachten müssen:
Wenn der Kochschinken fertig ist und abgekühlt werden soll, keinesfalls das Glas in kaltes Wasser stellen, denn sonst zerspringt es. Nehmen Sie einfach den Beutel heraus und geben Sie nur diesen in kaltes Wasser.

Das Wichtigste in Kürze:

- Das Fleisch am besten mit Lake aufspritzen und dann 2-3 Tage pökeln lassen (siehe Spritzpökel-Verfahren).
- Das Fleisch nun in die Kochschinkenform geben, dabei auf den Faserverlauf achten. Den Deckel nur mit relativ sanftem Druck verschließen. Wenn zu stark gepresst wird, verliert das Fleisch zu viel Saft.
- Mit der Lake in der gepökelt wurde, die Form auffüllen, bis die Lake ca. 1 cm über dem Deckel steht.
- Das Thermometer zur Kerntemperaturmessung genau mittig in das Fleisch stecken.
- In einen Topf stellen und dann mit Wasser auffüllen, bis dieses in etwa 1 cm unter dem Rand der Kochschinkenform steht. Es darf kein Kochwasser in die Form laufen.
- Das Wasser dann auf eine Temperatur von 75-85 °C erhitzen und während dem ganzen Kochvorgang auf dieser Temperatur halten (Kontrolle mit einem zweiten Thermometer).
- Wasserstand vom Kochwasser und von der Lake stets im Auge behalten und gegebenenfalls nachfüllen.
- Den Schinken dann solange kochen, bis eine Kerntemperatur von 68-71 °C erreicht ist.
- Geflügel-Kochschinken sollte für mindestens 10 Minuten eine Kerntemperatur von 71 °C haben (wegen Salmonellen).
- Den Kochschinken dann so rasch wie möglich abkühlen.
- Salzgehalt am Rand testen, ggf. Lake abschütten, verwässern oder noch einen Tag in der Lake ziehen lassen.
- Nach einem Tag Durchzugszeit ist der Salzgehalt ausgeglichen und der Kochschinken fertig zum Verzehr.

Anleitung zum Räuchern

Unterschiedliche Hölzer und deren Eigenschaften beim Schinken, Fleisch, Fisch und Wurst räuchern:

Buche	Relativ mildes Raucharoma, rotbraune Farbe. Wird am häufigsten verwendet.
Erle	Kräftiges raffiniertes Raucharoma, schöne intensive rötliche Farbe.
Fichte / Tanne	Nur für Schinken Schwarzwälder Art, ist gesundheitlich bedenklich und sollte nur mäßig verwendet werden. Fast schwarze Farbe, äußerst intensives, leicht scharfes Raucharoma.
Apfelholz	Feines Raucharoma, sehr wohlwollend, rotbraune Farbe.
Zwetschgenholz	Fein würziges Raucharoma, rotbraune Farbe.
Eiche	Kräftiges Raucharoma, eher gelbliche Farbe.
Kirsche	Feines mildes und leicht süßliches Raucharoma, rotbraune Farbe.

Räuchern Sie nur mit unbehandelten, natürlichen Hölzern oder Räuchermehlen. Räuchermehl darf nur aus reinem Holz sein. In Sägemehl aus Schreinereien oder Zimmereien sind meist Späne von Plattenwerkstoffen enthalten, diese setzen gesundheitsschädliche Stoffe frei!

Es gibt zwei Arten zu räuchern:

- Das Kalträuchern
- Das Heißräuchern

Der große Unterschied liegt, wie der Name schon vermuten lässt, in der Temperatur.

Beim Kalträuchern werden Fleisch, Fisch und Wurst haltbar gemacht und außerdem aromatisiert. Die Temperatur sollte 25 °C möglichst nicht übersteigen. Dieses Verfahren kommt beim Rohschinken und den meisten Würsten zum Einsatz.

Beim Heißräuchern verleiht man dem Fleisch, Fisch und den Würsten in kurzer Zeit ein schönes Raucharoma, eine appetitliche rotbraune Farbe und vor allem wird das Räuchergut gegart. Es findet im Temperaturbereich zwischen 60-85 °C statt.
Heiß geräucherte Fleischwaren sind nur noch für kurze Zeit haltbar und sollten möglichst zeitnah verzehrt oder eingefroren werden.

Kalträuchern

Beim Kalträuchern muss die Rauchtemperatur so niedrig wie möglich sein. Sie sollte 25 °C möglichst nicht überschreiten, je kühler der Rauch desto besser.

Es werden möglichst feine Späne verwendet. Ideal ist die Größe 500/1000 (0,5mm-1mm Korngröße), denn je feiner die Späne sind, desto geringer ist die Wärmeentwicklung.
Beim Kalträuchern wird dem Räuchergut Wasser entzogen und der Rauch legt sich auf die äußerste Schicht. Durch seine Inhaltsstoffe wird das Räuchergut besser haltbar und aromatisch.
Auch die Umgebungstemperatur sollte immer möglichst niedrig sein. Dies sollte bei der Aufstellung des Räucherschrankes berücksichtigt werden. Wenn die Umgebungstemperatur niedrig ist, wird es in dem Räucherschrank nicht so leicht wärmer als 25 °C. Wenn beim Räuchern höhere Außentemperaturen vorherrschen, kann es passieren, dass sich ein etwas säuerlicher Geschmack bildet. Wenn der Räucherschrank an einem kühlen Ort steht, passiert das weniger.

Zwar ist durch den säuerlichen Geschmack das Räuchergut nicht wirklich verdorben, aber es mindert den Genusswert doch ganz erheblich.

Deshalb im Sommer bzw. der wärmeren Zeit, lieber in den Abendstunden räuchern, wenn die Temperaturen etwas zurückgegangen sind.
Falls der Räucherschrank im Freien steht, sollte über dem Kamin ein kleines Dach sein. Fehlt dieses, kann das Räuchergut, wenn es regnet nass werden. Das kann dann sehr leicht zum Verderb und Schimmel führen.

Wenn der Räucherschrank (unisoliert und einwandig) im Freien steht, dann kann es, wenn es sehr kalt ist passieren, dass sich an den Wänden und dem Deckel Kondenswasser bildet. Dies ist nicht weiter schlimm, solange es nicht auf das Räuchergut tropfen kann. Um dies zu vermeiden, kann man einfach ein Stück Pappkarton über dem Räuchergut anbringen. Dabei darauf achten, dass der Rauch nach wie vor ungehindert zirkulieren kann.
Man kann die Bildung von Kondenswasser an den Wänden mit relativ geringem Aufwand verhindern bzw. verringern. Man braucht sich lediglich Styroporplatten kaufen (2-3 cm dick) und diese z.B. mit Schnüren oder Klebeband an der Außenseite vom Räucherschrank befestigen.

Das Räuchergut darf keinesfalls nass sein! Wenn man feuchtes Fleisch räuchert, dann bekommt es mit sehr hoher Wahrscheinlichkeit einen säuerlichen Geschmack. Achten Sie deshalb darauf, dass das Räuchergut oberflächlich trocken ist.

Hängen Sie die Räucherwaren an Schnüren oder Fleischhaken in den Räucherschrank. Achten Sie drauf, dass sich die Räucherwaren nicht berühren, so dass der Rauch jede Stelle erreichen kann, denn sonst bekommen sie unschöne helle Stellen.
Achten Sie darauf, dass sich keine Fliegen oder andere Insekten im Räucherschrank befinden.

Füllen Sie nun die Räucherlade mit feinen Spänen der gewünschten Holzsorte ca. 2-3 cm hoch auf. Bei den allermeisten Räuchermehlen gibt es eine entsprechende Größenangabe. Die Größe 500/1000 (0,5-1mm) hat sich in der Praxis zum Kalträuchern bestens bewährt. Drücken Sie die Späne etwas fest, das ergibt einen besseren und gemächlicheren Abbrand. Jetzt kann das Räuchermehl entzündet werden. Hierfür gibt es zwei unterschiedliche Methoden:

Mit einer Lötlampe

Die Flamme der Lötlampe wird so heiß wie möglich eingestellt. Damit wird eine Stelle im Randbereich des Räuchermehls zum Glühen gebracht. Man muss so lang heizen, bis das Räuchermehl von selbst glimmt. Also nicht zu früh aufhören zu heizen. Sobald das Räuchermehl glimmt, auf die Glut pusten, bis eine starke Glut vorhanden ist.

Mit Spiritus

Eine Räucherlade mit Spiritus anzuzünden, ist recht einfach und sehr bequem. Gießen Sie dazu ein Schnapsglas (20ml) voll Spiritus auf eine Stelle im Randbereich und zünden Sie ihn dann an. In den meisten Fällen glimmt das Räuchermehl, wenn der Spiritus komplett verbrannt ist ordentlich weiter.

Aber Vorsicht!!

Wenn das Anzünden beim ersten Mal nicht geklappt hat! Keinen neuen Spiritus in das heiße Räuchermehl gießen, denn sonst besteht Verpuffungsgefahr!
Falls die Räucherlade nicht glimmt, abwarten bis alles wieder abgekühlt ist, ehe man sie erneut anzündet.

Wenn das Räuchermehl glimmt, wird der Räucherschrank verschlossen. Die Luftzufuhr wird möglichst weit geschlossen, damit das Räuchermehl langsam verglimmt. Kontrollieren Sie immer wieder die Temperatur und achten Sie darauf, dass sie 25 °C möglichst nicht übersteigt.

Räuchern im Schnellverfahren
Wenn die Zeit einmal drängen sollte, kann man Schinken auch im Schnellverfahren räuchern. Füllen Sie dazu einfach immer wieder Räuchermehl nach, noch bevor alles komplett verglimmt ist. So können Sie permanent räuchern, bis die Räucherwaren den gewünschten Rauchgrad erreicht haben. Lassen Sie die Schinken am besten nach dem letzten Räuchergang noch einige Tage oder eine Woche zum Nachreifen hängen. Bei Würsten genügen ein bis zwei Tage, bis sich die anfängliche Rauchschärfe gelegt hat.

Ich empfehle aber auf jeden Fall etappenweise zu räuchern. Das Räuchern im Schnellverfahren sollte wirklich nur dann angewendet werden, wenn die Zeit drängen sollte. Der Rauchgeschmack und der Geruch werden, wenn man in Etappen räuchert, viel milder, aromatischer und auch wohlschmeckender. Die Geduld lohnt sich, das kann ich Ihnen versprechen.

Etappenweise Räuchern
Wenn man in Etappen räuchert, dann macht man das mit unterschiedlich langen Pausen, abhängig davon, ob man Schinken oder Wurst räuchert.

Wurstwaren

Würste haben einen niedrigeren Salzgehalt als Schinken. Sie sollten deshalb schneller verzehrfertig sein. Aus diesem Grund macht man eine Pause von nur ca. 12-16 Stunden zwischen den Räucher gängen.

Ein kurzes Beispiel:
Man zündet die Räucherlade am Samstagabend um 18 Uhr an. Die Räucherlade glimmt nun ca. 8 Stunden lang. Der Räuchergang endet also in der Sonntagnacht um 2 Uhr. Ab diesem Zeitpunkt sollte nun eine Pause von etwa 12 Stunden gemacht werden. Man könnte also am Sonntagmittag um 14 Uhr den nächsten Räuchergang machen.
Man muss es aber gar nicht so genau nehmen und etwas längere Pausen sind immer besser. Um die Sache zu vereinfachen kann man täglich zur selben Zeit mit dem Räuchergang beginnen. Man hat dann immer eine Räucherpause von ca. 16 Stunden.

Schinken und Rauchfleisch

Durch den höheren Salzgehalt sind Schinken viel länger haltbar als Würste. Man kann sich deshalb beim Räuchern mehr Zeit lassen. Da Schinken meist auch öfter geräuchert werden als Würste, ist es für das spätere Aroma definitiv vorteilhafter, wenn man zwischen den einzelnen Räuchergängen etwas längere Pausen macht. Lassen Sie deshalb zwischen den einzelnen Räuchergängen immer einen Tag ausfallen.
Also beispielsweise am Montag den ersten Räuchergang, dann am Mittwoch den zweiten Räuchergang, am Freitag den Dritten, usw. Wenn Sie es eilig haben sollten, können Sie aber auch beim Schinken täglich, immer zur etwa gleichen Zeit einen Räuchergang beginnen.

Wenn Sie in der wärmeren Jahreszeit etappenweise räuchern, sollten die Fleisch und Wurstwaren in den Pausen bei möglichst kühlen Temperaturen gelagert werden. Beachten Sie dann aber unbedingt die später noch folgenden Hinweise, siehe:
„Große Temperaturunterschiede zwischen der Umgebungsluft und den Räucherwaren“

Der Sparbrand
Mit ihm können Sie die Räucherdauer verlängern, die Rauchtemperatur senken und gleichzeitig Räuchermehl sparen.

Schütten Sie dazu das Räuchermehl in Form eines „U“ in die Räucherlade, anstatt sie komplett aufzufüllen. Die Höhe sollte auch hier etwa 2-3 cm betragen und das Räuchermehl muss vor dem Anzünden ebenfalls durch leichtes Pressen verdichtet werden. Mit dieser Vorgehensweise verlängert sich die Räucherdauer, je nach Größe der Räucherlade, auf bis zu 12 Stunden.

Sie brauchen trotz einer wesentlich längeren Räucherdauer weniger Räuchermehl. Der zweite angenehme Nebeneffekt ist der, dass wegen der viel kleineren Glutmenge die Temperatur im Räucherschrank viel niedriger bleibt. Deshalb eignet sich diese Vorgehensweise auch ganz besonders für die etwas wärmere Jahreszeit.

Alternativ kann man sich auch einen „Sparbrand-Einsatz“ kaufen, dieser erfüllt den gleichen Zweck.

Leichteres Anzünden der Räucherlade

Die saubere weiße Asche, die beim Abglimmen entsteht, sollte man in der Räucherlade belassen. Denn diese unterstützt einen sauberen Abbrand. Sie isoliert das Räuchermehl gegen das Blech der Räucherlade und verhindert so effektiv, dass die Glut erlischt. Räuchermehl, das auf einem "Bett" aus sauberer weißer Asche liegt, lässt sich auch viel einfacher anzünden.

Wenn man einen Räucherschrank neu gekauft hat, kann man den Blechkasten mit etwas sauberer Asche aus einem Holzofen auffüllen. So ist es direkt, schon von Anfang an sehr viel einfacher, das Räuchermehl zu entzünden.

Das sollten Sie beim Kalträuchern unbedingt vermeiden und beachten

Große Temperaturunterschiede zwischen der Umgebungsluft und den Räucherwaren

Wenn man die Schinken oder Würste im Kühlschrank aufbewahrt hat, dann sind diese oftmals viel kälter als die Luft im Räucherschrank. Wenn warme Luft auf kalte Räucherwaren trifft entsteht Kondenswasser. Wie schon zu Beginn erwähnt, kann wenn man feuchtes Fleisch oder Würste räuchert, ein säuerlicher Geschmack entstehen. Deshalb bei größeren Temperaturunterschieden den Räucherschrank mit dem Fleisch oder den Würsten befüllen und vor dem Räuchern etwa eine Stunde abwarten. So kann sich die Temperatur angleichen. Falls sich auf dem Räuchergut Kondenswasser gebildet haben sollte, kann dieses mit einem Küchentuch entfernt werden. Wenn alles trocken ist, kann mit dem Räuchern begonnen werden.

Sehr hohe Luftfeuchtigkeit, beispielsweise bei Nebel

Im Herbst ist die Luftfeuchtigkeit oft sehr hoch, insbesondere bei Nebel. Wenn man dann räuchert, kann sehr leicht ein säuerlicher Geschmack entstehen. Verzichten Sie deshalb darauf, bei Nebel zu räuchern und warten Sie lieber einen Tag ab.

Räuchern im Smoker

Zum Kalträuchern sind kleine Smoker nicht geeignet, da in ihnen sehr schnell zu hohe Temperaturen entstehen. Sehr große Smoker können mit dem Sparbrand verwendet werden. Testen Sie aber am besten im Voraus, ohne Räuchergut, ob die Temperatur unter 25 °C bleibt.

Abschließende Hinweise und Tipps

Den Rauch aromatisieren und würzen

Man kann Rauch durch die Zugabe von Räucher-Zusätzen würzen. Wenn dies erwünscht ist, einfach die Räucher-Zusätze in das Räuchermehl mischen. Aber übertreiben Sie es damit nicht, denn hier gilt wie so oft im Leben, weniger ist meist mehr.

Als groben Richtwert kann man sagen, dass man zwischen 10-100 Gramm Räucher-Zusatz pro Kilogramm Räuchermehl verwenden kann. Mit 100 Gramm erreicht man allerdings eine sehr intensive Würzung. Beginnen Sie lieber mit kleinen Mengen und tasten Sie sich langsam an die von Ihnen als angenehm empfundene Menge heran. Bedenken Sie: Etwas stärker machen ist sehr einfach, wenn aber zu viel daran ist, bekommt man es nicht mehr weg!

Zum Aromatisieren eigenen sich folgende Zusätze besonders gut:

- Basilikum
- Salbei
- Lorbeerblätter
- Rosmarin
- Liebstöckel, auch bekannt als „Maggikraut“
- Paprikapulver
- Wacholderbeeren
- Wacholdernadeln
- Wacholderästchen
- Tannennadeln
- Tannenzapfen
- Weinreben

Gerüche sind schwer zu beschreiben, deshalb empfehle ich Ihnen, die Räucher-Zusätze selbst zu testen. Entzünden oder verglimmen Sie kleine Mengen davon. Fächeln Sie sich dann ein bisschen von dem Rauch zu und entscheiden Sie dann, ob Ihnen der Geruch gefällt oder eher nicht.

Experimentieren Sie und erstellen Sie sich dann, im Lauf der Zeit, Ihre eigene persönliche Räuchermischung, die somit einzigartig ist. Wer weiß, vielleicht werden Ihre Kinder oder Enkel die Rezeptur einmal hüten, wie einen Schatz!

Räuchern bei Minusgraden

Nur wenige haben eine Rauchkammer in ihrem Haus und das Wetter fragt nicht, ob es jetzt kalt sein darf oder nicht. So ergibt es sich immer wieder, dass man räuchern möchte, aber Minusgrade herrschen. Das stellt aber zum Glück kein Problem dar. Durch den hohen Salzgehalt im Fleisch und der Wurst muss es schon äußerst kalt werden, bis das Räuchergut gefriert. Ich habe immer wieder die Beobachtung gemacht, dass selbst bei tiefgefrorenen Schinken keinerlei Qualitätsverluste aufgetreten sind. Im Gegenteil, das Fleisch wird dadurch sogar etwas zarter.

Das einzige, was beim Räuchern bei Minusgraden beachtet werden muss ist, dass es etwas länger dauert, bis das Fleisch Farbe bekommt und den Rauchgeschmack annimmt. Wenn es also sehr kalt ist, einfach einige Räuchergänge mehr machen, bis das Fleisch den gewünschten Rauchgeruch und Farbe angenommen hat.

Wie lange dauert ein Räuchergang und wie oft soll geräuchert werden?

Diese Frage wird mir immer wieder gestellt, kann aber leider nicht so einfach pauschal beantwortet werden. Wenn in diesem Ratgeber die Rede von einem Räuchergang ist, dann gehe ich von einer Räucherdauer von ca. 6-8 Stunden mit dichtem Rauch aus.

Beachten Sie aber Folgendes: Es gibt unzählige Faktoren die einen erheblichen Einfluss darauf haben, wie intensiv ein Räuchergang bei Ihnen vor Ort, mit Ihren Gegebenheiten sein wird.

Um nur ein paar davon zu nennen:

- Wie viel Räuchermehl passt in die Räucherlade.
- Wie weit ist die Luftzufuhr / Abluftöffnung geöffnet.
- Wie hoch sind die Temperaturen.
- Wie groß ist der Räucherschrank / Rauchkammer.
- Wie dicht ist der Rauch.

Und nicht zu vergessen, der persönliche Geschmack des Schinkenmachers! Dieser macht den gravierendsten Unterschied aus. Denn was für den einen noch zu wenig ist, kann für den anderen schon zu viel sein!
Ich empfehle deshalb immer, nach seinen persönlichen Vorlieben zu entscheiden und die Angaben eher als grobe Richtwerte zu sehen. Räuchern Sie so lange oder so kurz, wie Sie es möchten. Solange bis der Schinken oder die Würste genau die Rauchnote haben die Ihnen gefällt.

Kann auf das Räuchern verzichtet werden?
Das Räuchern ist generell kein Muss. Wenn man darauf verzichtet, schmeckt man beim fertigen Produkt noch viele feine Nuancen, die vom Rauch überdeckt werden würden. Außerdem bleibt der Schinken etwas saftiger.
Es ist allerdings so, dass das Räuchern eine konservierende Wirkung hat, welche dann aber fehlt. Dadurch sind die Räucherwaren dann nicht so lange haltbar. Man sollte sie deshalb lieber zeitnah verzehren oder durch Einfrieren haltbar machen. Früher als es noch keine Kühlschränke und Gefriertruhen gab und man nur ein- bis zweimal pro Jahr geschlachtet hat, war es viel schwieriger Fleisch und Wurst haltbar zu machen. Damals war das Räuchern ein Muss um Fleisch und Wurst, ohne Unmengen von Salz lagern zu können. Heute genießt man aber den Luxus, dass auch Ungeräuchertes relativ lange konserviert werden kann.

Das Wichtigste zum Kalträuchern in Kürze:

- Das Räuchergut muss oberflächlich trocken sein, weil feuchtes Räuchergut später einen säuerlichen Geschmack bekommt.
- Vermeiden Sie große Temperaturunterschiede zwischen den Räucherwaren und der Umgebungsluft.
- Die Schinken oder Würste luftig aufhängen, der Rauch muss an jede Stelle kommen.
- Darauf achten, dass keine Insekten im Räucherschrank sind.
- Die Räucherlade ca. 2-3 cm hoch mit möglichst feinen Spänen (500/1000) füllen und etwas zusammenpressen.
- Räuchermehl in U-Form einfüllen, das spart Räuchermehl.
- Luftzufuhr so weit wie möglich schließen, damit das Räuchermehl langsam abglimmt.
- Die Temperatur im Räucherschrank sollte beim Kalträuchern 25°C möglichst nicht übersteigen.
- Es empfiehlt sich das etappenweise Räuchern, mit Pausen zwischen den Räuchergängen.
- Ein Räuchergang sollte in etwa 6-8 Stunden dauern, aber gerne auch länger.
- Bevor man den fertigen Schinken anschneidet, am besten noch für ein paar Tage ruhen und nachreifen lassen. Der anfänglich noch scharfe Rauchgeschmack mildert sich dadurch ab.

Heißräuchern

Das Heißräuchern hat keine konservierende Wirkung. Das Fleisch wird gegart und das enthaltene Eiweiß gerinnt. Es wird deshalb nur für Wurst- und Schinkenspezialitäten eingesetzt, die danach zeitnah verzehrt werden. Das Heißräuchern verleiht den Räucherwaren in kurzer Zeit eine intensive Rauchnote und färbt sie dabei appetitlich.
Zum Heißräuchern werden grobe Späne oder sogar Hackschnitzel verwendet. Denn hier braucht man eine möglichst hohe Wärmeentwicklung, damit sich der Räucherschrank ordentlich aufheizt.

Die Temperatur sollte auch hier zwischendurch immer wieder kontrolliert werden. Sie sollte im Bereich von 60-85 °C liegen. Ist die Temperatur zu hoch, muss die Luftzufuhr gedrosselt werden. Falls erforderlich kann auch etwas Wasser in die Späne gespritzt werden, damit die Glut schwächer wird. Ist die Temperatur zu niedrig, muss man die Luftzufuhr weiter öffnen und nach Bedarf mehr Späne nachlegen.
Es erfordert schon ein wenig Übung, um die richtige Temperatur zu erreichen und zu halten.

Um möglichst einfach eine hohe und gleichmäßige Temperatur zu erzielen, kann man sich aber auch eines einfachen Tricks bedienen. Es gibt für Räucherschränke elektrische Heizspiralen. Diese schaffen die erforderliche Temperatur. Den Rauch erzeugt man einfach wie beim Kalträuchern, mit feinen Spänen. So muss man nicht mehr viel kontrollieren und das Heißräuchern wird so zum Kinderspiel.
Aber Vorsicht, positionieren Sie die Heizspirale mit Abstand über dem Räuchermehl. Denn wenn die Spirale dem Räuchermehl zu nahe kommt, kann sich dieses entzünden. Je größer die Heizleistung ist, desto größer sollte der Abstand sein.

Zum Heißräuchern sind auch Smoker sehr gut geeignet.

Um einen Kochschinken oder Würste zu aromatisieren, genügt in der Regel eine Räucherdauer von 30-60 Minuten. Genaue Werte an- zugeben ist schwierig, weil das Ergebnis stark von der Temperatur und der Rauchdichte abhängt. Entscheiden Sie einfach nach Ihrem persönlichen Geschmack, wie kurz oder lange Sie Heißräuchern.
Wenn man das Fleisch nach dem Heißräuchern direkt verzehren will, misst man am besten die Kerntemperatur. Man räuchert so lange, bis diese bei 65-71 °C liegt. Das Fleisch ist dann schön zart.

Man kann bei Kochschinken aber auch tricksen und genau anders herum vorgehen. Zuerst kocht man das Fleisch. Dann hängt man es einfach im noch heißen Zustand in den Räucherschrank. Durch die Wärme an der Fleischoberfläche nimmt das Fleisch den Rauch bedeutend besser an. Man muss den Räucherschrank dann nicht aufheizen und kann auch mit Kaltrauch ein ähnliches Ergebnis wie beim Heißräuchern erzielen. Achten Sie aber unbedingt darauf, dass der Kochschinken oberflächlich trocken ist!

Das Wichtigste zum Heißräuchern in Kürze

- Heißräuchern hat keine konservierende Wirkung, deshalb das fertige Räuchergut zeitnah verzehren oder einfrieren.
- Die Temperatur sollte im Bereich von 60-85 °C liegen.
- Um die höheren Temperaturen zu erreichen, verwendet man grobes Räuchermehl.
- Mit einer Heizspirale kann der gewünschte Temperaturbereich einfach erreicht werden, Abstand zum Räuchermehl halten!
- Wenn das Fleisch noch heiß ist, erreicht man auch mit Kaltrauch ähnliche Ergebnisse wie mit Heißrauch.
- Wenn man das Fleisch nach dem Heißräuchern direkt verzehren will, misst man die Kerntemperatur. Man räuchert, bis diese bei 65-71 °C liegt. Das Fleisch ist dann schön zart.

Lagerung und Reifung

Fertig geräucherten Schinken können Sie sehr gut im Räucherschrank oder in der Räucherkammer lagern. Dort sind die Lagerbedingungen in der Regel optimal. Es gibt darin (wenn keine Glasscheibe in der Tür ist) keine UV-Strahlung, welche beim Fett dazu führen kann, dass dieses ranzig wird. Dies ist ganz besonders wichtig, wenn man ohne oder mit reduziertem Nitritpökelsalzgehalt gepökelt hat. Außerdem ist die Luftfeuchtigkeit durch den leichten Durchzug in den meisten Fällen ideal. Die Luftfeuchtigkeit sollte unbedingt stimmen. Ist die Luftfeuchtigkeit zu hoch, kann der Schinken schimmeln. Ist sie zu niedrig, trocknet der Schinken sehr schnell aus und wird hart.

Der optimale Wert der Luftfeuchtigkeit liegt bei 70-75%. Schaffen Sie sich am besten ein Hygrometer an, diese sind sehr günstig zu bekommen. Sie haben dann die Möglichkeit, die Luftfeuchtigkeit zu messen und gegebenenfalls zu verändern. Die Lagertemperatur sollte möglichst kühl sein und unter 16 Grad liegen. Der Schinken trocknet sonst mit der Zeit sehr stark aus und wird hart.

Zum Lagern, Reifen, Pökeln oder Durchbrennen kann man auch einen Dry Ager verwenden. Dabei ein Klima von 5-10°C und 73-78% Feuchtigkeit einstellen. Je nach Modell ist die Luftumwälzung unterschiedlich, falls Schimmel entstehen sollte, die Feuchtigkeit heruntersetzen.

Wenn aufgeschnittener Schinken im Kühlschrank gelagert werden soll, dann darf man ihn keinesfalls luftdicht in eine Tüte oder sehr kleine Frischhaltedosen packen. Durch den Feuchtigkeitsstau und die erhöhte Luftfeuchtigkeit, kann der Schinken schimmeln. Deshalb den Schinken am besten locker in Butterbrot-Papier einschlagen, damit sich die Feuchtigkeit nicht staut. Man sollte generell keine großen Mengen auf Vorrat in Scheiben aufschneiden, am Stück ist die Lagerung wesentlich besser.

Fertige Schinken kann man auch einfach einfrieren. Der Qualitätsverlust ist nur minimal, man bemerkt kaum einen Unterschied zu frischem Schinken. Am besten legt man ein Stück Backpapier zwischen die Scheiben, so kann man sie bequem einzeln entnehmen, weil sie nicht zusammenfrieren.

Man kann den fertigen Schinken auch vakuumieren und dann bei Temperaturen von 0 bis +4 °C aufbewahren. So bleibt er lange frisch und saftig. Weiter oben hab ich geschrieben, dass man Schinken <u>nicht</u> luftdicht in Tüten verpacken soll. Wundern Sie sich bitte nicht, über die nur auf den ersten Blick widersprüchliche Aussage. In einem echten Vakuum fehlt jeglicher Sauerstoff, den der Schimmel für sein Wachstum aber braucht. In einer normal verschlossenen Tüte ist immer noch ein klein wenig Sauerstoff vorhanden und Schimmel kann entstehen. Herkömmliche Folienschweißgeräte saugen zwar auch die Luft ab, aber ein richtiges Vakuum können sie definitiv nicht erzeugen. Wenn Sie Schinken vakuumieren wollen, gelingt das nur mit einem professionellen, speziell dafür konzipierten Gerät.

Bauchspeck

Trockenpökelung:

1000g	Schweinebauch mit Schwarte
39g	Salz
4g	Zucker
3g	Sojasoße
2g	gemahlenen schwarzen Pfeffer
1,5g	gemahlene Wacholderbeeren

Den Schinken nach Belieben 6-7 mal Kalträuchern.

Lakepökelung:

1000g	Schweinebauch mit Schwarte
69g	Salz (davon mindestens 19g NPS)
660g	Wasser
7g	Zucker
5g	Sojasoße
3,3g	gemahlenen schwarzen Pfeffer
2g	gemahlene Wacholderbeeren

Den Schinken nach Belieben 6-7 mal Kalträuchern.

Geräucherter Bauch Schwarzwald Art

Trockenpökelung:

1000g	Schweinebauch mit Schwarte
39g	Salz
4g	Zucker
3g	gemahlene Wacholderbeeren
2g	fein gehackten frischen Knoblauch
1,5g	gemörserten Koriander

Traditionell mit Fichte räuchern bis er eine kräftige dunkle Farbe hat. Alternativ die ersten Räuchergänge mit Buchenspänen und erst zum Abschluss mit Fichte räuchern bis er eine dunkle Farbe hat.

Lakepökelung:

1000g	Schweinebauch mit Schwarte
69g	Salz (davon mindestens 19g NPS)
660g	Wasser
6g	Zucker
4,5g	gemahlene Wacholderbeeren
3,5g	fein gehackten frischen Knoblauch
2,5g	gemörserten Koriander

Traditionell mit Fichte räuchern bis er eine kräftige dunkle Farbe-hat. Alternativ die ersten Räuchergänge mit Buchenspänen und erst zum Abschluss mit Fichte räuchern bis er eine dunkle Farbe hat.

Herzhafter Bauchspeck

Trockenpökelung:

1000g	fetter Bauch vom Schwein
39g	Salz
4g	Zucker
3g	gemahlenen Koriander
2g	fein gehackten frischen Knoblauch
2g	gemahlenen schwarzen Pfeffer

Den Schinken nach Belieben 6-8 mal Kalträuchern.

Lakepökelung:

1000g	fetter Bauch vom Schwein
69g	Salz (davon mindestens 19g NPS)
660g	Wasser
6,5g	Zucker
4,5g	gemahlenen Koriander
3g	fein gehackten frischen Knoblauch
3,5g	gemahlenen schwarzen Pfeffer

Den Schinken nach Belieben 6-8 mal Kalträuchern.

Würziger Bauchspeck

Trockenpökelung:

1000g	Bauch vom Schwein
39g	Salz
3-4g	Zucker
2g	gemörserte Wacholderbeeren
2g	gemahlenen schwarzen Pfeffer
0,6g	gemahlenen Koriander
0,5g	gemahlenen getrockneten Liebstöckel
0,3g	gemahlene Nelken
0,25g	gemahlenes Lorbeerblatt

Den Schinken nach Belieben 5-8 mal Kalträuchern.

Lakepökelung:

1000g	Bauch vom Schwein
69g	Salz (davon mindestens 19g NPS)
660g	Wasser
5g	Zucker
3,3g	gemörserte Wacholderbeeren
3,3g	gemahlenen schwarzen Pfeffer
1g	gemahlenen Koriander
0,8g	gemahlenen getrockneten Liebstöckel
0,5g	gemahlene Nelken
0,4g	gemahlenes Lorbeerblatt

Den Schinken nach Belieben 5-8 mal Kalträuchern.

Feuriger Filetschinken

Vorsicht mit Chili! Waschen Sie sich nach der Verarbeitung von Chili sorgfältigst mit viel Wasser und Seife die Hände. Keinesfalls mit den Fingern die Augen oder Nase berühren.

Trockenpökelung:

1000g	Filet vom Schwein
39g	Salz
3g	Zucker
3g	gemahlenen schwarzen Pfeffer
2g	fein gehackten frischen Knoblauch
1g	gemahlenen Koriander
0,9g	gemahlenen getrockneten Chili

Den Schinken nach Belieben 4-5 mal Kalträuchern.

Lakepökelung:

1000g	Filet vom Schwein
69g	Salz (davon mindestens 19g NPS)
660g	Wasser
5g	Zucker
4,5g	gemahlenen schwarzen Pfeffer
3,5g	fein gehackten frischen Knoblauch
1,7g	gemahlenen Koriander
1,5g	gemahlenen getrockneten Chili

Den Schinken nach Belieben 4-5 mal Kalträuchern.

Knoblauch-Filetschinken

Trockenpökelung:

1000g	Filet vom Schwein
39g	Salz
3-4g	Zucker
8g	fein gehackten frischen Knoblauch

Den Schinken nach Belieben 2-3 mal Kalträuchern.

Lakepökelung:

1000g	Filet vom Schwein
69g	Salz (davon mindestens 19g NPS)
660g	Wasser
6g	Zucker
12g	fein gehackten frischen Knoblauch

Den Schinken nach Belieben 2-3 mal Kalträuchern.

Schweine-Filetschinken mit asiatischer Note

Trockenpökelung:

1000g	Filet vom Schwein
39g	Salz
3-4g	Zucker
3g	Kreuzkümmel
2,5g	fein gehackten frischen Knoblauch
1g	gemahlenes Zitronengras
1g	gemahlenen weißen Pfeffer

Den Schinken nach Belieben 2-5 mal Kalträuchern.

Lakepökelung:

1000g	Filet vom Schwein
69g	Salz (davon mindestens 19g NPS)
660g	Wasser
5g	Zucker
5g	Kreuzkümmel
3g	fein gehackten frischen Knoblauch
1,7g	gemahlenes Zitronengras
1,7g	gemahlenen weißen Pfeffer

Den Schinken nach Belieben 2-5 mal Kalträuchern.

Senf-Filetschinken

Trockenpökelung:

1000g	Filet vom Schwein
39g	Salz
4g	Zucker
40-50g	fertiger Senf
2g	fein gehackten frischen Knoblauch

Den Schinken nach Belieben 2-3 mal Kalträuchern.

Lakepökelung:

1000g	Filet vom Schwein
69g	Salz (davon mindestens 19g NPS)
660g	Wasser
5g	Zucker
80g	fertiger Senf
3,5g	fein gehackten frischen Knoblauch

Den Schinken nach Belieben 2-3 mal Kalträuchern.

Heuberger Gewürzschinken

Trockenpökelung:

1000g	Schinkenspeck-Hüfte vom Schwein
39g	Salz
3g	Zucker
2g	gemahlene Senfkörner
2g	gemahlene Wacholderbeeren
2g	fein gehackten frischen Knoblauch
1g	gemahlenen schwarzen Pfeffer
0,8g	gemahlenen Kümmel

Den Schinken nach Belieben 5-6 mal Kalträuchern.

Lakepökelung:

1000g	Schinkenspeck-Hüfte vom Schwein
69g	Salz (davon mindestens 19g NPS)
660g	Wasser
5g	Zucker
3,5g	gemahlene Wacholderbeeren
3,5g	gemahlene Senfkörner
3,5g	fein gehackten frischen Knoblauch
1,7g	gemahlenen schwarzen Pfeffer
1,3g	gemahlenen Kümmel

Den Schinken nach Belieben 5-6 mal Kalträuchern.

Kümmel-Hinterschinken

Trockenpökelung:

1000g	Schinkenspeck-Hüfte vom Schwein
39g	Salz
4g	Zucker
5g	gemahlenen Kümmel

Den Schinken nach Belieben 2-3 mal Kalträuchern.

Lakepökelung:

1000g	Schinkenspeck-Hüfte vom Schwein
69g	Salz (davon mindestens 19g NPS)
660g	Wasser
6,5g	Zucker
8,5g	gemahlenen Kümmel

Den Schinken nach Belieben 2-3 mal Kalträuchern.

Oberschlesischer Bauernschinken

Trockenpökelung:

1000g	Schinkenspeck-Hüfte vom Schwein
39g	Salz
4g	Zucker
5 g	Zwiebelgranulat
3 g	gemahlenen schwarzen Pfeffer
0,5g	gemahlene Wacholderbeeren

Den Schinken nach Belieben 6-8 mal Kalträuchern.

Lakepökelung:

1000g	Schinkenspeck-Hüfte vom Schwein
69 g	Salz (davon mindestens 19g NPS)
660g	Wasser
8g	Zucker
9 g	Zwiebelgranulat
5 g	gemahlenen schwarzen Pfeffer
1g	gemahlene Wacholderbeeren

Den Schinken nach Belieben 6-8 mal Kalträuchern.

Rauchfleisch

Trockenpökelung:

1000g	Schinkenspeck-Hüfte vom Schwein
39g	Salz
4g	Zucker

Den Schinken nach Belieben 8-10 mal Kalträuchern.

Lakepökelung:

1000g	Schinkenspeck-Hüfte vom Schwein
69g	Salz (davon mindestens 19g NPS)
660g	Wasser
9 g	Zucker

Den Schinken nach Belieben 8-10 mal Kalträuchern.

Feuriger Paprika-Nackenschinken

Vorsicht mit Chili! Waschen Sie sich nach der Verarbeitung von Chili sorgfältigst mit viel Wasser und Seife die Hände. Keinesfalls mit den Fingern die Augen oder Nase berühren.

Trockenpökelung:

1000g	Nacken vom Schwein
39g	Salz
4g	Zucker
4g	Paprika scharf
1g	gemahlenen schwarzen Pfeffer
1g	fein gehackten frischen Knoblauch
0,5g	gemahlene getrocknete Chilischoten

Den Schinken nach Belieben 4-5 mal Kalträuchern.

Lakepökelung:

1000g	Nacken vom Schwein
69g	Salz (davon mindestens 19g NPS)
660g	Wasser
6g	Zucker
5g	Paprika scharf
2g	gemahlenen schwarzen Pfeffer
2g	fein gehackten frischen Knoblauch
0,8g	gemahlene getrocknete Chilischoten

Den Schinken nach Belieben 4-5 mal Kalträuchern.

Geräucherte Schweineschulter Natur

Trockenpökelung:

1000g	Schweineschulter ohne Knochen
39g	Salz
4g	Zucker

Den Schinken nach Belieben 4-5 mal Kalträuchern.

Lakepökelung:

1000g	Schweineschulter ohne Knochen
69g	Salz (davon mindestens 19g NPS)
660g	Wasser
6g	Zucker

Den Schinken nach Belieben 4-5 mal Kalträuchern.

Geräucherter Schweinehals

Trockenpökelung:

1000g	Schweinehals ohne Knochen
39g	Salz
3-4g	Zucker
2g	fein gehackten frischen Knoblauch
2g	gemahlenen schwarzen Pfeffer

Den Schinken nach Belieben 2-4 mal Kalträuchern.

Lakepökelung:

1000g	Schweinehals ohne Knochen
69g	Salz (davon mindestens 19g NPS)
660g	Wasser
6,5g	Zucker
4g	fein gehackten frischen Knoblauch
3,3g	gemahlenen schwarzen Pfeffer

Den Schinken nach Belieben 2-4 mal Kalträuchern.

Kammschinken mit feiner Anisnote

Trockenpökelung:

1000g	Schweinekamm ohne Knochen
39g	Salz
4g	Zucker
40g	Anis Schnaps (z.B. Ouzo)
2,5g	fein gehackten frischen Knoblauch
1g	gemahlenen Koriander
1g	gemahlenen schwarzen Pfeffer

Nach der Pökelzeit den Schinken abwaschen, trocknen lassen und erst dann mit dem Schnaps einreiben.
Den Schinken nach Belieben 1-3 mal Kalträuchern.

Lakepökelung:

1000g	Schweinekamm ohne Knochen
69g	Salz (davon mindestens 19g NPS)
660g	Wasser
6g	Zucker
40g	Anis Schnaps (z.B. Ouzo)
2g	fein gehackten frischen Knoblauch
1,7g	gemahlenen Koriander
1,7g	gemahlenen schwarzen Pfeffer

Nach dem Durchbrennen mit dem Schnaps einreiben.
Den Schinken nach Belieben 1-3 mal Kalträuchern.

Scharfer Paprika-Schinken vom Schwein

Trockenpökelung:

1000g	Schulter vom Schwein
39g	Salz
3g	Zucker
5g	gemahlenen edelsüßen Paprika
4g	gemahlenen scharfen Paprika
3g	fein gehackten frischen Knoblauch

Den Schinken nach Belieben 3-5 mal Kalträuchern.

Lakepökelung:

1000g	Schulter vom Schwein
69g	Salz (davon mindestens 19g NPS)
660g	Wasser
5g	Zucker
8,5g	gemahlenen edelsüßen Paprika
6,5g	gemahlenen scharfen Paprika
5g	fein gehackten frischen Knoblauch

Den Schinken nach Belieben 3-5 mal Kalträuchern.

Koriander-Lachsschinken

Trockenpökelung:

1000g	Lachs vom Schwein
39g	Salz
4g	Zucker
4g	gemahlenen Koriander
2g	gemahlenen edelsüßen Paprika
1g	gemahlenen schwarzen Pfeffer

Den Schinken nach Belieben 2-5 mal Kalträuchern.

Lakepökelung:

1000g	Lachs vom Schwein
69g	Salz (davon mindestens 19g NPS)
660g	Wasser
5g	Zucker
6,5g	gemahlenen Koriander
3,5g	gemahlenen edelsüßen Paprika
1,7g	gemahlenen schwarzen Pfeffer

Den Schinken nach Belieben 2-5 mal Kalträuchern.

Lachsschinken Natur

Trockenpökelung:

1000g	Lachs vom Schwein ohne Fett
39g	Salz
3-4g	Zucker

Den Schinken nach Belieben 4-5 mal Kalträuchern.

Lakepökelung:

1000g	Lachs vom Schwein ohne Fett
69g	Salz (davon mindestens 19g NPS)
660g	Wasser
6g	Zucker

Den Schinken nach Belieben 4-5 mal Kalträuchern.

Milder Zitronen-Lachsschinken

Trockenpökelung:

1000g	Lachs vom Schwein
39g	Salz
4g	Zucker
2g	fein gehackten frischen Knoblauch
1g	gemahlenen schwarzen Pfeffer
1,6g	Abrieb einer BIO Zitrone (nur das Gelbe!)
1,5g	gemahlenen Koriander

Den Schinken nach Belieben 1- 3 mal Kalträuchern.

Lakepökelung:

1000g	Lachs vom Schwein
69g	Salz (davon mindestens 19g NPS)
660g	Wasser
5g	Zucker
2g	gemahlenen Koriander
2,5g	Abrieb einer BIO Zitrone (nur das Gelbe!)
2,5g	fein gehackten frischen Knoblauch
1,7g	gemahlenen schwarzen Pfeffer

Den Schinken nach Belieben 1-3 mal Kalträuchern.

Pfeffer-Lachsschinken

Trockenpökelung:

1000g	Lachs vom Schwein mit Fettrand
39g	Salz
3-4g	Zucker
5g	gemahlenen schwarzen Pfeffer
1g	gemörserte Wacholderbeeren

Den Schinken nach Belieben 3-6 mal Kalträuchern.

Lakepökelung:

1000g	Lachs vom Schwein mit Fettrand
69g	Salz (davon mindestens 19g NPS)
660g	Wasser
5g	Zucker
8,5g	gemahlenen schwarzen Pfeffer
1,7g	gemörserte Wacholderbeeren

Den Schinken nach Belieben 3-6 mal Kalträuchern.

Würziger Lachsschinken

Trockenpökelung:

1000g	Lachs vom Schwein
37g	Salz
20g	Sojasoße
3g	Zucker
2,5g	fein gehackten frischen Knoblauch
2g	Paprika scharf
1,5g	gemahlener schwarzer Pfeffer
1,5g	gemahlener Koriander

Den Schinken nach Belieben 4-5 mal Kalträuchern.

Lakepökelung:

1000g	Lachs vom Schwein
65g	Salz (davon mindestens 19g NPS)
660g	Wasser
33g	Sojasoße
5g	Zucker
4,5g	fein gehackten frischen Knoblauch
3,5g	Paprika scharf
2,5g	gemahlener schwarzer Pfeffer
2,5g	gemahlener Koriander

Den Schinken nach Belieben 4-5 mal Kalträuchern.

Curry-Nussschinken

Trockenpökelung:

1000g	Nuss vom Schwein
39g	Salz
5g	Curry-Pulver
4g	Zucker
2,5g	fein gehackten frischen Knoblauch

Den Schinken nach Belieben 2-5 mal Kalträuchern.

Lakepökelung:

1000g	Nuss vom Schwein
69g	Salz (davon mindestens 19g NPS)
660g	Wasser
8g	Curry-Pulver
6g	Zucker
4,5g	fein gehackten frischen Knoblauch

Den Schinken nach Belieben 2-5 mal Kalträuchern.

Fenchel-Nussschinken

Trockenpökelung:

1000g	Nuss vom Schwein
39g	Salz
4g	Zucker
3g	gemahlene Fenchelsamen
1g	gemahlenen schwarzen Pfeffer
1g	fein gehackten frischen Knoblauch

Den Schinken nach Belieben 1-3 mal Kalträuchern.

Lakepökelung:

1000g	Nuss vom Schwein
69g	Salz (davon mindestens 19g NPS)
660g	Wasser
6g	Zucker
5g	gemahlene Fenchelsamen
1,7g	gemahlenen schwarzen Pfeffer
1,7g	fein gehackten frischen Knoblauch

Den Schinken nach Belieben 1-3 mal Kalträuchern.

Geräucherter Nussschinken

Trockenpökelung:

1000g	Nuss vom Schwein ohne Knochen
39g	Salz
3-4g	Zucker
2g	gemahlenen schwarzen Pfeffer
1,5g	gemörserte Wacholderbeeren
0,6g	gemahlenen Koriander
0,5g	gemahlene Muskatnuss

Den Schinken nach Belieben 2-3 mal Kalträuchern.

Lakepökelung:

1000g	Nuss vom Schwein ohne Knochen
69g	Salz (davon mindestens 19g NPS)
660g	Wasser
6g	Zucker
3,5g	gemahlenen schwarzen Pfeffer
2,5g	gemörserte Wacholderbeeren
1,2g	gemahlenen Koriander
0,8g	gemahlene Muskatnuss

Den Schinken nach Belieben 2-3 mal Kalträuchern.

Milder Paprika-Nussschinken

Trockenpökelung:

1000g	Nuss vom Schwein
39g	Salz
4g	Zucker
5g	Paprika edelsüß
1g	fein gehackten frischen Knoblauch

Den Schinken nach Belieben 2-5 mal Kalträuchern.

Lakepökelung:

1000g	Nuss vom Schwein
69g	Salz (davon mindestens 19g NPS)
660g	Wasser
6g	Zucker
8g	Paprika edelsüß
2g	fein gehackten frischen Knoblauch

Den Schinken nach Belieben 2-5 mal Kalträuchern.

Pfeffer-Nussschinken

Trockenpökelung:

1000g	Nuss vom Schwein
39g	Salz
4g	Zucker
3g	gemahlenen schwarzen Pfeffer
2g	gemahlenen weißen Pfeffer
2g	fein gehackten frischen Knoblauch
0,25g	gemahlene Lorbeerblätter

Den Schinken nach Belieben 4-5 mal Kalträuchern.

Lakepökelung:

1000g	Nuss vom Schwein
69g	Salz (davon mindestens 19g NPS)
660g	Wasser
6g	Zucker
5g	gemahlenen schwarzen Pfeffer
4g	fein gehackten frischen Knoblauch
3,5g	gemahlenen weißen Pfeffer
0,5g	gemahlene Lorbeerblätter

Den Schinken nach Belieben 4-5 mal Kalträuchern.

Kümmel-Schinken vom Schwein

Trockenpökelung:

1000g	magere Schweine-Oberschale
39 g	Salz
3g	Zucker
4g	gemahlenen Kümmel
3g	fein gehackten frischen Knoblauch
1g	gemahlenen schwarzen Pfeffer

Den Schinken nach Belieben 6-7 mal Kalträuchern.

Lakepökelung:

1000g	magere Schweine-Oberschale
69g	Salz (davon mindestens 19g NPS)
660g	Wasser
5g	Zucker
6,5 g	gemahlenen Kümmel
5 g	fein gehackten frischen Knoblauch
1,7g	gemahlenen schwarzen Pfeffer

Den Schinken nach Belieben 6-7 mal Kalträuchern.

Pikanter Netz-Schinken

Trockenpökelung:

1000g	Oberschale vom Schwein ohne Fettrand
39g	Salz
4g	Zucker
2g	gemahlenen Piment
2g	gemahlenen Koriander
0,25g	gemahlenen getrockneten Ingwer
0,25g	gemahlene Lorbeerblätter
1	Schinkennetz

Das Fleisch ins Netz verpacken, dann mit der Gewürzmischung einreiben. Den Schinken nach Belieben 5-6 mal Kalträuchern.

Lakepökelung:

1000g	Oberschale vom Schwein ohne Fettrand
69g	Salz (davon mindestens 19g NPS)
660g	Wasser
6,5g	Zucker
3,5g	gemahlenen Piment
3,5g	gemahlenen Koriander
0,4g	gemahlenen getrockneten Ingwer
0,4g	gemahlene Lorbeerblätter
1	Schinkennetz

Das Fleisch ins Netz verpacken, dann in der Lake pökeln.
Den Schinken nach Belieben 5-6 mal Kalträuchern.

Pikanter Schweineschinken Heuberger Art

Trockenpökelung:

1000g	Schweine-Oberschale mit Schwarte
39g	Salz
4g	Zucker
3g	gemahlene Senfkörner
3g	fein gehackten frischen Knoblauch
2g	gemahlenen schwarzen Pfeffer
2g	gemahlenen getrockneten Liebstöckel
0,6g	gemahlenen Kerbel
0,25g	gemahlene Lorbeerblätter

Den Schinken nach Belieben 4-6 mal Kalträuchern.

Lakepökelung:

1000g	Schweine-Oberschale mit Schwarte
69g	Salz (davon mindestens 19g NPS)
660g	Wasser
5g	Zucker
4,5g	gemahlene Senfkörner
4,5g	fein gehackten frischen Knoblauch
3,3g	gemahlenen schwarzen Pfeffer
3,3g	gemahlenen getrockneten Liebstöckel
1g	gemahlenen Kerbel
0,4g	gemahlene Lorbeerblätter

Den Schinken nach Belieben 4-6 mal Kalträuchern.

Wacholder-Schinken mit Schwarte

Trockenpökelung:

1000g	Schweine-Oberschale mit Schwarte
39g	Salz
3g	Zucker
5g	gemörserte Wacholderbeeren

Den Schinken nach Belieben 5-7 mal Kalträuchern.

Lakepökelung:

1000g	Schweine-Oberschale mit Schwarte
69g	Salz (davon mindestens 19g NPS)
660g	Wasser
5g	Zucker
8,5g	gemörserte Wacholderbeeren

Den Schinken nach Belieben 5-7 mal Kalträuchern.

Weihnachtsschinken

Trockenpökelung:

1000g	Oberschale vom Schwein
39 g	Salz
4g	Zucker
2g	gemahlenen Koriander
2g	fein gehackten frischen Knoblauch
1,5g	gemahlenen schwarzen Pfeffer
1g	gemahlene Nelken
0,3g	gemahlenen Zimt
0,2g	gemahlenen Sternanis

Den Schinken nach Belieben 3-5 mal Kalträuchern.

Lakepökelung:

1000g	Oberschale vom Schwein
69g	Salz (davon mindestens 19g NPS)
660g	Wasser
5g	Zucker
3,5g	fein gehackten frischen Knoblauch
3,3g	gemahlenen Koriander
2,5g	gemahlenen schwarzen Pfeffer
1,7g	gemahlene Nelken
0,5g	gemahlenen Zimt
0,35g	gemahlenen Sternanis

Den Schinken nach Belieben 3-5 mal Kalträuchern.

Asche-Schinken

Trockenpökelung:

1000g	Schweine-Unterschale ohne Fett
39g	Salz
3-4g	Zucker
2g	gemahlenen schwarzen Pfeffer
2g	fein gehackten frischen Knoblauch
1g	gemahlene Lorbeerblätter
etwas	reine, weiße Holzasche

Den Schinken mit der Gewürzmischung einreiben. Dann mit weißer Asche leicht überpudern. Nach dem Pökeln gut abwaschen und trocknen lassen. Den Schinken nach Belieben 4-5 mal Kalträuchern.

Dieses Rezept funktioniert nur mit der Trockenpökelung.

Heuberger Feuer-Schinken im Netz

Vorsicht mit Chili! Waschen Sie sich nach der Verarbeitung von Chili sorgfältigst mit viel Wasser und Seife die Hände.
Keinesfalls mit den Fingern die Augen oder Nase berühren.

Trockenpökelung:

1000g	Schweine-Unterschale ohne Fettrand
39g	Salz
4g	Zucker
20g	fertiger scharfer Senf
10 g	frische klein gehakte scharfe Chilischoten
4,5g	fein gehackten frischen Knoblauch
1	Schinkennetz

Den Schinken nach Belieben 2-5 mal mit Buche Kalträuchern, anschließend 2 mal mit Fichte räuchern.

Lakepökelung:

1000g	Schweine-Unterschale ohne Fettrand
69g	Salz (davon mindestens 19g NPS)
660g	Wasser
6g	Zucker
32g	fertiger scharfer Senf
17g	frische klein gehakte scharfe Chilischoten
7g	fein gehackten frischen Knoblauch
1	Schinkennetz

Den Schinken nach Belieben 2-5 mal mit Buche Kalträuchern, anschließend 2 mal mit Fichte räuchern.

Mediterraner Würzschinken

Trockenpökelung:

1000g	Schweine-Unterschale
39g	Salz
4g	Zucker
3g	fein gehackten frischen Knoblauch
2g	Zwiebelgranulat
1g	gemahlenen Majoran
1g	gemahlenen Basilikum
0,8g	gemahlenen Oregano
0,8g	gemahlenen Rosmarin
0,5g	gemahlenen Thymian

Den Schinken nach Belieben 2-4 mal Kalträuchern.

Lakepökelung:

1000g	Schweine-Unterschale
69g	Salz (davon mindestens 19g NPS)
660g	Wasser
5g	Zucker
5g	fein gehackten frischen Knoblauch
3,5g	Zwiebelgranulat
1,7g	gemahlenen Majoran
1,6g	gemahlenen Basilikum
1,4g	gemahlenen Oregano
1,4 g	gemahlenen Rosmarin
0,8g	gemahlenen Thymian

Den Schinken nach Belieben 2-4 mal Kalträuchern.

Schinken nach Schwarzwälder Art

Trockenpökelung:

1000g	Schweine-Unterschale mit Fettrand
39g	Salz
4g	Zucker
5g	fein gehackten frischen Knoblauch
2g	geschroteten Koriander
2g	gemahlenen schwarzen Pfeffer

Traditionell mit Fichte räuchern bis er eine kräftige dunkle Farbe hat. Alternativ die ersten Räuchergänge mit Buche und erst zum Abschluss mit Fichte räuchern bis er eine dunkle Farbe hat.

Lakepökelung:

1000g	Schweine-Unterschale mit Fettrand
69g	Salz (davon mindestens 19g NPS)
660g	Wasser
6g	Zucker
8g	fein gehackten frischen Knoblauch
3,5g	geschroteten Koriander
3,5g	gemahlenen schwarzen Pfeffer

Traditionell mit Fichte räuchern bis er eine kräftige dunkle Farbe hat. Alternativ die ersten Rauchgänge mit Buche und erst zum Abschluss mit Fichte räuchern bis er eine dunkle Farbe hat.

Westernberger Weihnachts-Schinkenspeck

Trockenpökelung:

1000g	Schweine-Unterschale mit Fettrand
39g	Salz
4g	Zucker
3g	fein gehackten frischen Knoblauch
2g	gemahlenen schwarzen Pfeffer
1,5g	gemahlenen Koriander
1g	gemahlenen Muskat
0,6g	gemahlenen Zimt
0,5g	gemahlene Nelken
0,3g	gemahlenen getrockneten Ingwer

Den Schinken nach Belieben 4-6 mal Kalträuchern.

Lakepökelung:

1000g	Schweine-Unterschale mit Fettrand
69g	Salz (davon mindestens 19g NPS)
660g	Wasser
5g	Zucker
3,5g	fein gehackten frischen Knoblauch
2,5g	gemahlenen schwarzen Pfeffer
2,5g	gemahlenen Koriander
1g	gemahlenen Zimt
1,5g	gemahlenen Muskat
0,8g	gemahlene Nelken
0,5g	gemahlenen getrockneten Ingwer

Den Schinken nach Belieben 4-6 mal Kalträuchern.

Delikatess Rinderfilet

Trockenpökelung:

1000g	Filet vom Rind
39g	Salz
3-4g	Zucker
2g	gemahlenen schwarzen Pfeffer
2g	fein gehackten frischen Knoblauch
0,6g	gemahlenen Koriander
0,3g	gemahlene Nelken

Den Schinken nach Belieben 3-4 mal Kalträuchern.

Lakepökelung:

1000g	Filet vom Rind
69g	Salz (davon mindestens 19g NPS)
660g	Wasser
5g	Zucker
3,5g	gemahlenen schwarzen Pfeffer
3g	fein gehackten frischen Knoblauch
1g	gemahlenen Koriander
0,5g	gemahlene Nelken

Den Schinken nach Belieben 3-4 mal Kalträuchern.

Heuberger Filetschinken

Trockenpökelung:

1000g	Filet vom Rind
39g	Salz
4g	Zucker
20g	trockenen Rotwein
10g	Sojasoße
1g	gemahlene Wacholderbeeren
2g	fein gehackten frischen Knoblauch
0,2g	gemahlene Lorbeerblätter

Den Rotwein zusammen mit der Sojasoße auf 50% einreduzieren und mir den restlichen Gewürzen zu einer Paste vermengen.
Den Schinken nach Belieben 2-5 mal Kalträuchern.

Lakepökelung:

1000g	Filet vom Rind
69g	Salz (davon mindestens 19g NPS)
660g	Wasser
7g	Zucker
35g	trockenen Rotwein
15g	Sojasoße
3g	fein gehackten frischen Knoblauch
1,7g	gemahlene Wacholderbeeren
0,5g	gemahlene Lorbeerblätter

Den Schinken nach Belieben 2-5 mal Kalträuchern.

Salbei-Filetschinken

Schinken mit Salbei-Aroma ist nicht jedermanns Sache, man muss ihn schon mögen.

Trockenpökelung:

1000g	Filet vom Rind
39g	Salz
4g	Zucker
2g	gemahlenen schwarzen Pfeffer
2g	gemahlenen getrockneten Salbei
1,5g	fein gehackten frischen Knoblauch

Den Schinken nach Belieben 2-4 mal Kalträuchern.

Lakepökelung:

1000g	Filet vom Rind
69g	Salz (davon mindestens 19g NPS)
660g	Wasser
6g	Zucker
3,3g	gemahlenen getrockneten Salbei
3,3 g	gemahlenen schwarzen Pfeffer
2g	fein gehackten frischen Knoblauch

Den Schinken nach Belieben 2-4 mal Kalträuchern.

Scharfer Filetschinken

Vorsicht mit Chili! Waschen Sie sich nach der Verarbeitung von Chili sorgfältigst mit viel Wasser und Seife die Hände. Keinesfalls mit den Fingern die Augen oder Nase berühren.

Trockenpökelung:

1000g	Filet vom Rind
39g	Salz
4g	Zucker
4g	gemahlenen rosenscharfen Paprika
0,8g	gemahlene getrocknete Chilischoten

Den Schinken nach Belieben 5-6 mal Kalträuchern.

Lakepökelung:

1000g	Filet vom Rind
69g	Salz (davon mindestens 19g NPS)
660g	Wasser
6,5g	Zucker
6,5g	gemahlenen rosenscharfen Paprika
1,2g	gemahlene getrocknete Chilischoten

Den Schinken nach Belieben 5-6 mal Kalträuchern.

Lobeer-Schinken vom Rind

Trockenpökelung:

1000g	Rinderhüfte
39g	Salz
4g	Zucker
4g	fein gehackten frischen Knoblauch
3g	gemahlene Lorbeerblätter
1g	gemahlenen schwarzen Pfeffer
0,5g	gemahlene Senfkörner
0,5g	geschroteten Koriander
0,5g	gemahlenen Piment

Den Schinken nach Belieben 6-7 mal Kalträuchern.

Lakepökelung:

1000g	Rinderhüfte
69g	Salz (davon mindestens 19g NPS)
660g	Wasser
6g	Zucker
6,5g	fein gehackten frischen Knoblauch
5g	gemahlene Lorbeerblätter
1,7g	gemahlenen schwarzen Pfeffer
0,8g	gemahlene Senfkörner
0,8g	geschroteten Koriander
0,8g	gemahlener Piment

Den Schinken nach Belieben 6-7 mal Kalträuchern.

Oregano-Hüftschinken

Trockenpökelung:

1000g	Hüfte vom Rind
39g	Salz
4g	Zucker
3g	fein gehackten frischen Knoblauch
3g	gemahlenen Oregano
1g	gemahlenes Lorbeerblatt
1g	gemahlenen weißen Pfeffer

Den Schinken nach Belieben 2-5 mal Kalträuchern.

Lakepökelung:

1000g	Hüfte vom Rind
69g	Salz (davon mindestens 19g NPS)
660g	Wasser
6g	Zucker
5g	gemahlenen Oregano
4,5g	fein gehackten frischen Knoblauch
1,7g	gemahlenes Lorbeerblatt
1,7g	gemahlenen weißen Pfeffer

Den Schinken nach Belieben 2-5 mal Kalträuchern.

Rosmarin-Rinderschinken

Trockenpökelung:

1000g	Rinderhüfte
39g	Salz
4g	Zucker
3g	gemahlenen Rosmarin
1g	fein gehackten frischen Knoblauch
1g	gemahlenen schwarzen Pfeffer
1g	gemahlene Wacholderbeeren

Den Schinken nach Belieben 3-5 mal Kalträuchern.

Lakepökelung:

1000g	Rinderhüfte
69g	Salz (davon mindestens 19g NPS)
660g	Wasser
6g	Zucker
5g	gemahlenen Rosmarin
2g	fein gehackten frischen Knoblauch
1,7g	gemahlenen schwarzen Pfeffer
1,7g	gemahlene Wacholderbeeren

Den Schinken nach Belieben 3-5 mal Kalträuchern.

Edler Pfeffer-Schinken vom Rind

Trockenpökelung:

1000g	Ober- oder Unterschale vom Rind
39g	Salz
3g	Zucker
3g	gemahlenen schwarzen Pfeffer
3g	fein gehackten frischen Knoblauch
1g	gemahlenen Piment
0,3g	gemahlenen Muskat

Den Schinken nach Belieben 4-5 mal Kalträuchern.

Lakepökelung:

1000g	Ober- oder Unterschale vom Rind
69g	Salz (davon mindestens 19g NPS)
660g	Wasser
5g	Zucker
5g	gemahlenen schwarzen Pfeffer
5g	fein gehackten frischen Knoblauch
1,7g	gemahlenen Piment
0,5g	gemahlenen Muskat

Den Schinken nach Belieben 4-5 mal Kalträuchern.

Hamburger Rauchfleisch

Trockenpökelung:

1000g	Ober- oder Unterschale vom Rind
39g	Salz
3-4g	Zucker

Den Schinken nach Belieben 8-10 mal Kalträuchern.

Lakepökelung:

1000g	Ober- oder Unterschale vom Rind
69g	Salz (davon mindestens 19g NPS)
660g	Wasser
6g	Zucker

Den Schinken nach Belieben 8-10 mal Kalträuchern.

Mediterraner Rinderschinken

Trockenpökelung:

1000g	Ober- oder Unterschale vom Rind
39g	Salz
4g	Zucker
2g	fein gehackten frischen Knoblauch
2g	gemahlenen Thymian
1,5g	gemahlenen schwarzen Pfeffer

Den Schinken nach Belieben 2-3 mal Kalträuchern.

Lakepökelung:

1000g	Ober- oder Unterschale vom Rind
69g	Salz (davon mindestens 19g NPS)
660g	Wasser
6g	Zucker
3,5g	gemahlenen Thymian
3,3g	fein gehackten frischen Knoblauch
2,5g	gemahlenen schwarzen Pfeffer

Den Schinken nach Belieben 2-3 mal Kalträuchern.

Wacholder-Schinken vom Rind

Trockenpökelung:

1000g	Unter- oder Oberschale vom Rind
39g	Salz
3-4g	Zucker
4g	gemahlene Wacholderbeeren
1g	gemahlenen schwarzen Pfeffer

Den Schinken nach Belieben 5-6 mal Kalträuchern. Um den Rauch zu würzen, können Sie ein paar Wacholderbeeren in das Räuchermehl geben.

Lakepökelung:

1000g	Unter- oder Oberschale vom Rind
69g	Salz (davon mindestens 19g NPS)
660g	Wasser
5g	Zucker
6,5g	gemahlene Wacholderbeeren
1,7g	gemahlenen schwarzen Pfeffer

Den Schinken nach Belieben 5-6 mal Kalträuchern. Um den Rauch zu würzen, können Sie ein paar Wacholderbeeren in das Räuchermehl geben.

Pikanter Kalbszungen-Schinken

Trockenpökelung:

1000g	Zunge vom Kalb (enthäutet)
39g	Salz
3g	Zucker
10g	Sojasauce
2g	fein gehackten frischen Knoblauch
1g	gemahlenen schwarzen Pfeffer
1g	gemahlenen Koriander
1g	gemahlene Senfkörner

Die Zunge vor dem Pökeln enthäuten.
Den Schinken nach Belieben 2-4 mal Kalträuchern.

Lakepökelung:

1000g	Zunge vom Kalb (enthäutet)
69g	Salz (davon mindestens 19g NPS)
660g	Wasser
5g	Zucker
20g	Sojasauce
3,5g	fein gehackten frischen Knoblauch
1,7g	gemahlenen schwarzen Pfeffer
1,7g	gemahlenen Koriander
1,7g	gemahlene Senfkörner

Die Zunge vor dem Pökeln enthäuten.
Den Schinken nach Belieben 2-4 mal Kalträuchern.

Kümmel-Schinken vom Schaf oder Ziege

Trockenpökelung:

1000g	mageres Schaf- oder Ziegenfleisch
39g	Salz
3-4g	Zucker
5g	gemahlenen Kümmel
2g	fein gehackten frischen Knoblauch
1g	gemahlener schwarzer Pfeffer
1g	gemahlener Koriander
0,5g	gemahlene Nelken

Den Schinken nach Belieben 4-6 mal Kalträuchern.

Lakepökelung:

1000g	mageres Schaf- oder Ziegenfleisch
69g	Salz (davon mindestens 19g NPS)
660g	Wasser
5g	Zucker
8g	gemahlenen Kümmel
2,5g	fein gehackten frischen Knoblauch
1,7g	gemahlener schwarzer Pfeffer
1,7g	gemahlener Koriander
0,8g	gemahlene Nelken

Den Schinken nach Belieben 4-6 mal Kalträuchern.

Mediterraner Hirten-Schinken

Trockenpökelung:

1000g	Fleisch von der Ziege oder Schaf
39g	Salz
3-4g	Zucker
3g	fein gehackten frischen Knoblauch
1g	gemahlenen schwarzen Pfeffer
1g	gemahlenen Rosmarin
0,8g	gemahlenen Kümmel
0,8g	gemahlenen Thymian
0,8g	gemahlenen Basilikum
0,3g	gemörserten Koriander

Den Schinken nach Belieben 2-5 mal Kalträuchern.

Lakepökelung:

1000g	Fleisch von der Ziege oder Schaf
69g	Salz (davon mindestens 19g NPS)
660g	Wasser
5g	Zucker
5g	fein gehackten frischen Knoblauch
1,7g	gemahlenen schwarzen Pfeffer
1,7g	gemahlenen Rosmarin
1,2g	gemahlenen Kümmel
1,2g	gemahlenen Thymian
1,2g	gemahlenen Basilikum
0,5g	gemörserten Koriander

Den Schinken nach Belieben 2-5 mal Kalträuchern.

Milder Schinken vom Schaf oder Ziege

Trockenpökelung:

1000g	Fleischstücke von der Ziege oder Schaf
39g	Salz
4g	Zucker
2g	fein gehackten frischen Knoblauch
2g	Zwiebelgranulat

Den Schinken nach Belieben 2-5 mal Kalträuchern.

Lakepökelung:

1000g	Fleischstücke von der Ziege oder Schaf
69g	Salz (davon mindestens 19g NPS)
660g	Wasser
6g	Zucker
3,5g	fein gehackten frischen Knoblauch
3,5g	Zwiebelgranulat

Den Schinken nach Belieben 2-5 mal Kalträuchern.

Delikatess Hirsch-Filetschinken

Den fertigen Schinken nach Belieben 3-4 mal Kalträuchern.

Trockenpökelung:

1000g	Filet vom Hirsch
39g	Salz
4g	Zucker
1g	geschroteten Koriander
1g	gemörserte Wacholderbeeren
1g	fein gehackten frischen Knoblauch
0,8g	gemahlenen schwarzen Pfeffer
0,8g	gemahlenen Rosmarin
0,5g	gemahlenen Thymian
0,2g	gemahlenes Lorbeerblatt
0,1g	gemahlene Nelke
0,05g	gemahlenen Sternanis

Lakepökelung:

1000g	Filet vom Hirsch
69g	Salz (davon mindestens 19g NPS)
660g	Wasser
6g	Zucker
2g	fein gehackten frischen Knoblauch
1,7g	geschroteten Koriander
1,7g	gemörserte Wacholderbeeren
1,4g	gemahlenen schwarzen Pfeffer
1,4g	gemahlenen Rosmarin
0,8g	gemahlenen Thymian
0,35g	gemahlenes Lorbeerblatt
0,2g	gemahlene Nelke
0,08g	gemahlenen Sternanis

Delikatess Hirsch-Keulenschinken

Trockenpökelung:

1000g	Hirschfleisch aus der Keule
39g	Salz
3-4g	Zucker
1g	gemörserte Wacholderbeeren
1g	fein gehackten frischen Knoblauch
1g	Zwiebelgranulat
1g	gemahlenen Rosmarin
0,5g	gemahlenen Thymian
0,3g	gemahlenen Beifuß

Den Schinken nach Belieben 3-4 mal Kalträuchern.

Lakepökelung:

1000g	Hirschfleisch aus der Keule
69g	Salz (davon mindestens 19g NPS)
660g	Wasser
5g	Zucker
2g	fein gehackten frischen Knoblauch
1,7g	gemörserte Wacholderbeeren
1,7g	Zwiebelgranulat
1,7g	gemahlenen Rosmarin
0,8g	gemahlenen Thymian
0,5g	gemahlenen Beifuß

Den Schinken nach Belieben 3-4 mal Kalträuchern.

Hirschschinken mit Wacholdernote

Trockenpökelung:

1000g	Keule vom Hirsch
39g	Salz
3-4g	Zucker
3g	gemahlene Wacholderbeeren
1,5g	gemahlenen schwarzen Pfeffer
1g	gemörserten Koriander
1g	fein gehackten frischen Knoblauch
0,5g	gemahlenen Rosmarin

Den Schinken nach Belieben 4-5 mal Kalträuchern.

Lakepökelung:

1000g	Keule vom Hirsch
69g	Salz (davon mindestens 19g NPS)
660g	Wasser
5g	Zucker
5g	gemahlene Wacholderbeeren
2,5g	gemahlenen schwarzen Pfeffer
2,5g	fein gehackten frischen Knoblauch
1,7g	gemörserten Koriander
0,8g	gemahlenen Rosmarin

Den Schinken nach Belieben 4-5 mal Kalträuchern.

Delikatess Reh-Filetschinken

Trockenpökelung:

1000g	Rehfilet
39g	Salz
4g	Zucker
2g	fein gehackten frischen Knoblauch
1,5g	gemörserte Wacholderbeeren
0,5g	gemahlenen Rosmarin
0,3g	gemahlenen Thymian
0,1g	gemahlenes Lorbeerblatt

Den Schinken nach Belieben 3-5 mal Kalträuchern.

Lakepökelung:

1000g	Rehfilet
69g	Salz (davon mindestens 19g NPS)
660g	Wasser
6g	Zucker
3,5g	fein gehackten frischen Knoblauch
2,5g	gemörserte Wacholderbeeren
0,8g	gemahlenen Rosmarin
0,5g	gemahlenen Thymian
0,2g	gemahlenes Lorbeerblatt

Den Schinken nach Belieben 3-5 mal Kalträuchern.

Rustikaler Rehschinken

Trockenpökelung:

1000g	Filet vom Reh
39g	Salz
4g	Zucker
2g	gemahlenen schwarzen Pfeffer
2g	gemahlenen edelsüßen Paprika
1g	Zwiebelgranulat
1g	fein gehackten frischen Knoblauch
0,5g	gemörserte Wacholderbeeren
0,4g	gemahlenen Koriander
0,2g	gemahlene Nelken
0,1g	gemahlenes Lorbeerblatt

Den Schinken nach Belieben 5-7 mal Kalträuchern.

Lakepökelung:

1000g	Filet vom Reh
69g	Salz (davon mindestens 19g NPS)
660g	Wasser
6g	Zucker
3,5g	gemahlenen schwarzen Pfeffer
3,5g	gemahlenen edelsüßen Paprika
2g	Zwiebelgranulat
2g	fein gehackten frischen Knoblauch
0,8g	gemörserte Wacholderbeeren
0,7g	gemahlenen Koriander
0,35g	gemahlene Nelken
0,2g	gemahlenes Lorbeerblatt

Den Schinken nach Belieben 5-7 mal Kalträuchern.

Delikatess Lachsschinken vom Wildschwein

Trockenpökelung:

1000g	Lachs vom Wildschwein
39g	Salz
3g	Zucker
2g	fein gehackten frischen Knoblauch
1g	Zwiebelgranulat
0,8g	gemörserte Wacholderbeeren
0,8g	Abrieb einer BIO Zitrone (nur das Gelbe)
0,5g	gemahlenen Piment
0,3g	gemahlenen getrockneten Ingwer
0,05g	gemahlenen Zimt

Den Schinken nach Belieben 2-3 mal Kalträuchern.

Lakepökelung:

1000g	Lachs vom Wildschwein
69g	Salz (davon mindestens 19g NPS)
660g	Wasser
5g	Zucker
3,5g	fein gehackten frischen Knoblauch
1,7g	Zwiebelgranulat
1,3g	gemörserte Wacholderbeeren
1,3g	Abrieb einer BIO Zitrone (nur das Gelbe)
0,8g	gemahlenen Piment
0,5g	gemahlenen getrockneten Ingwer
0,08g	gemahlenen Zimt

Den Schinken nach Belieben 2-3 mal Kalträuchern.

Lorbeer- Wildschweinschinken

Trockenpökelung:

1000g	Keule vom Wildschwein
39g	Salz
5g	Zucker
2g	gemahlene Lorbeerblätter
2g	fein gehackten frischen Knoblauch
1g	gemörserten Koriander
1g	gemahlenen schwarzen Pfeffer
0,5g	gemahlenen getrockneten Ingwer

Den Schinken nach Belieben 4-5 mal Kalträuchern.

Lakepökelung:

1000g	Keule vom Wildschwein
69g	Salz (davon mindestens 19g NPS)
660g	Wasser
5g	Zucker
3,5g	gemahlene Lorbeerblätter
3,5g	fein gehackten frischen Knoblauch
1,7g	gemörserten Koriander
1,7g	gemahlenen schwarzen Pfeffer
0,8g	gemahlenen getrockneten Ingwer

Den Schinken nach Belieben 4-5 mal Kalträuchern.

Milder Wildschwein-Filetschinken

Trockenpökelung:

1000g	Filet vom Wildschwein
39g	Salz
4g	Zucker
2g	gemahlenen schwarzen Pfeffer
2g	gemörserter Koriander
1g	fein gehackten frischen Knoblauch
0,5g	gemahlenen Thymian

Den Schinken nach Belieben 2-4 mal Kalträuchern.

Lakepökelung:

1000g	Filet vom Wildschwein
69g	Salz (davon mindestens 19g NPS)
660g	Wasser
5g	Zucker
3,5g	gemahlenen schwarzen Pfeffer
3,5g	gemörserter Koriander
2g	fein gehackten frischen Knoblauch
0,8g	gemahlenen Thymian

Den Schinken nach Belieben 2-4 mal Kalträuchern.

Oberburger Wildschinken

Trockenpökelung:

1000g	mageres Wildschweinfleisch aus der Keule
39g	Salz
3g	Zucker
3g	gemahlene Senfkörner
2g	gemahlenen schwarzen Pfeffer
2g	geschrotete Wacholderbeeren
1g	fein gehackten frischen Knoblauch

Den Schinken nach Belieben 5-6 mal Kalträuchern.

Lakepökelung:

1000g	mageres Wildschweinfleisch aus der Keule
69g	Salz (davon mindestens 19g NPS)
5g	Zucker
5g	gemahlene Senfkörner
3,5g	gemahlenen schwarzen Pfeffer
3,5g	geschrotete Wacholderbeeren
3g	geschroteten Koriander
2g	fein gehackten frischen Knoblauch

Den Schinken nach Belieben 5-6 mal Kalträuchern.

Paprika-Chili Nussschinken vom Wildschwein

Vorsicht mit Chili! Waschen Sie sich nach der Verarbeitung von Chili sorgfältigst mit viel Wasser und Seife die Hände. Keinesfalls mit den Fingern die Augen oder Nase berühren.

Trockenpökelung:

1000g	Nuss vom Wildschwein
39g	Salz
3-4g	Zucker
8g	gemahlenen edelsüßen Paprika
2g	fein gehackten frischen Knoblauch
1g	gemörserter Koriander
0,25g	gemahlene getrocknete Chilischoten

Den Schinken nach Belieben 4-6 mal Kalträuchern.

Lakepökelung:

1000g	Nuss vom Wildschwein
69g	Salz (davon mindestens 19g NPS)
660g	Wasser
5g	Zucker
13g	gemahlenen edelsüßen Paprika
3,5g	fein gehackten frischen Knoblauch
1,7g	gemörserter Koriander
0,4g	gemahlene getrocknete Chilischoten

Den Schinken nach Belieben 4-6 mal Kalträuchern.

Milde Laken für die Kochschinken-Herstellung

Natur

1 Liter	Wasser
99g	(9 °Bé) Salz
5g	Traubenzucker

Wacholdernote

1 Liter	Wasser
99g	(9 °Bé) Salz
5g	Traubenzucker
3g	gemahlene Wacholderbeeren

Orangen-Sellerienote

1 Liter	Wasser
99g	(9 °Bé) Salz
10g	Rosmarinzweig
5g	Traubenzucker
2	Stangen Sellerie
2	Lorbeerblätter
1	Karotte
1	Schale einer BIO-Orange (nur das Orange)

Italienische Art

1 Liter	Wasser
1	Lorbeerblatt
1	Karotte
1	Zwiebel
1	Stange Sellerie

Werden zu einer Gemüsebrühe geköchelt, anschließend das Gemüse herausnehmen und folgende Gewürze dazu geben:

99g	(9 °Bé) Salz
5g	Traubenzucker
2,5g	fein gehackten frischen Knoblauch
0,5g	gemahlenen Piment
0,5g	gemahlenen Macis
0,25g	gemahlenen Koriander
0,25g	gemahlene Wacholderbeeren
0,1g	gemahlenen Rosmarin
0,1g	gemahlene Fenchelsamen
0,15g	gemahlenen schwarzen Pfeffer
0,05g	gemahlene Nelke
0,03g	gemahlenen Zimt

Herzhafte Laken für die Kochschinken-Herstellung

Ländlich würzig

1 Liter	Wasser
99g	(9 °Bé) Salz
5g	Traubenzucker
3g	gemahlene Wacholderbeeren
2g	fein gehackten frischen Knoblauch
2g	gemahlenen schwarzen Pfeffer
2g	Zwiebelgranulat

Kräftig rustikal

1 Liter	Wasser
99g	(9 °Bé) Salz
5g	Traubenzucker
2g	gemahlene Wacholderbeeren
2g	gemahlenen Kümmel
1,5g	gemahlenes getrocknetes Selleriegrün
1,5g	gemahlenen getrockneten Liebstöckel

Pikante Laken für die Kochschinken-Herstellung

Pikant und würzig

1 Liter	Wasser
99g	(9 °Bé) Salz
20g	trockener Weißwein
5g	Traubenzucker
2g	gemahlenen edelsüßen Paprika
2g	fein gehackten frischen Knoblauch
2g	gemahlenen schwarzen Pfeffer
0,4g	gemahlenen Rosmarin
0,3g	gemahlenes Lorbeerblatt
0,2g	gemahlenen Thymian
0,2g	gemahlene Nelken

Orientalisch angehauchte Koriandernote:

1 Liter	Wasser
99g	(9 °Bé) Salz
5g	Traubenzucker
5g	fein gehackten frischen Knoblauch
3g	gemahlenen Koriander
1g	gemahlenen schwarzen Pfeffer
1g	gemahlenen Kreuzkümmel
0,1g	gemahlene Minze (optional)

Scharfe Laken für die Kochschinken-Herstellung

Scharfer Paprika

1 Liter	Wasser
99g	(9 °Bé) Salz
5g	Traubenzucker
5g	gemahlenen scharfen Paprika
4g	gemahlenen edelsüßen Paprika
2g	fein gehackten frischen Knoblauch
0,5g	gemörserte Wacholderbeeren
0,5g	gemahlene getrocknete Chilischoten

Vorsicht mit Chili! Waschen Sie sich nach der Verarbeitung von Chili sorgfältigst mit viel Wasser und Seife die Hände.
Keinesfalls mit den Fingern die Augen oder Nase berühren.

Mexikanisch scharf
(Für die, die es richtig scharf mögen)

1 Liter	Wasser
99g	(9 °Bé) Salz
5g	Traubenzucker
20g	Chilisoße
5g	gemahlenen scharfen Paprika
4g	gemahlenen Kreuzkümmel
4g	gemahlenen Koriander

Vorsicht mit Chili! Waschen Sie sich nach der Verarbeitung von Chili sorgfältigst mit viel Wasser und Seife die Hände.
Keinesfalls mit den Fingern die Augen oder Nase berühren.

Kochschinken-Laken für Feinschmecker und Mutige

Knoblauch-Zitrone

1 Liter	Wasser
99g	(9 °Bé) Salz
5g	Traubenzucker
5g	fein gehackten frischen Knoblauch
1,6g	Abrieb einer BIO Zitrone (nur das Gelbe!)
1 g	gemahlenen schwarzen Pfeffer

Senf-Meerrettich

1 Liter	Wasser
99g	(9 °Bé) Salz
5g	Traubenzucker
40g	fertigen Senf
20g	Meerrettichpaste
1g	gemahlenen schwarzen Pfeffer

Zitronen-Chili

1 Liter	Wasser
99g	(9 °Bé) Salz
5g	Traubenzucker
1,6g	Abrieb einer BIO Zitrone (nur das Gelbe!)
0,5g	gemahlene getrocknete Chilischoten

Vorsicht mit Chili! Waschen Sie sich nach der Verarbeitung von Chili sorgfältigst mit viel Wasser und Seife die Hände.
Keinesfalls mit den Fingern die Augen oder Nase berühren.

"Schinken selber machen, nichts leichter als das!"
ISBN: 978-3-9818939-0-8

Herausgeber und Verlag:
Gebrüder Frech
Bubsheimerstrasse 7
78592 Egesheim
E-Mail: gebruederfrech@googlemail.com
www.Schinken-selber-machen.com

Weitere Ratgeber und Informationen zum Thema Selbermachen:

„Wurst selber machen"
Zu finden unter: www.Wurst-Rezept.de

Alles wird Schritt für Schritt erklärt, von der Fleischauswahl bis zum Räuchern. Mit 100 erprobten Wurstrezepten, für Bratwürste, Kochwürste, Brühwürste, streichfähige Rohwürste und Salami

Oder auch im Buchhandel erhältlich.
ISBN:978-3-9818939-1-5

„Käse selber machen"
Zu finden unter: www.Käse-selber-machen.de

Alles wird Schritt für Schritt erklärt von der Milchauswahl bis zum Reifen. 38 erprobte und detailierte Käse-Rezepte für Frischkäse, Weichkäse, schnittfeste Käse, Hartkäse, Kochkäse.

Oder auch im Buchhandel erhältlich.
ISBN: 978-3-9818939-2-2

Nitritpökelsalz unterliegt der Gefahrenstoffverordnung und ist bei unsachgemäßer Verwendung gesundheitsgefährdend. Der Leser dieses Ratgebers sollte dies zur Kenntnis nehmen, und die Verwendung dieses Stoffes geschieht auf seine eigene Verantwortung. Beachten Sie unbedingt die Angaben des Herstellers. Sollten diese von meinen Angaben abweichen, **richten Sie sich bitte nach den Herstellerangaben!**

Dieser Ratgeber wurde mit größtmöglicher Sorgfalt erstellt, dennoch kann keine Garantie für Vollständigkeit und Fehlerfreiheit der Angaben gegeben und keine Haftung übernommen werden.